Für Julia
Werkstatt München
Werkkreis
9. April 2014

Geest - Verlag

Gabi Anders-Hanfstingl, Ulrich Bardelmeier, Markus Dosch, Wolf-Dieter Krämer (Hrsg.)

Hoffnung ernten!
33 Jahre Werkkreis Literatur der Arbeitswelt
Werkstatt München
Grafiken von
Albert Heinzinger

Mit Beiträgen von:

Gabriele Anders-Hanfstingl, Oliver Behnssen, Cengiz Dogu, Markus Dosch, Klaus Eckardt, Siegfried Grundmann, Richard Heinzel, Bernhard Horwatitsch, Günter Kohlbecker, Wolf-Dieter Krämer, August Kühn, Fritz Märkl, Marie-Sophie Michel, Ute Rott, Marianne Selke, Ed Schmidt, Siegfried Schwerdtfeger, Kaouther Tabai, Georg E. Thomas, Michael Tonfeld, Johann Weilbuchner, Rainer Zehentner
Geleitwort von Prof. Dr. R. Scholz

Die Deutsche Bibliothek - CIP Einheitsaufnahme
Hoffnung ernten! 33 Jahre Werkkreis der Arbeitswelt Werkstatt
München. Hrsg. Gabi Anders-Hanfstingl, Ulrich Bardelmeier,
Markus Dosch, Wolf-Dieter Krämer.
Grafiken von Albert Heinzinger

Eine Publikation der Werkstatt München im Werkkreis Literatur
der Arbeitswelt e.V.
Vechta - Langenförden, Geest-Verlag 2003

ISBN 3-936389-81-0

Das Copyright der einzelnen Beiträge liegt bei den Autorinnen
und Autoren

Werkkreis Literatur der Arbeitswelt e.V., Postfach 10 12 43,
D-50452 Köln
Internetadresse:
http://home.t-online.de/home/Werkkkreis/homepage.html

Werkstatt München im Werkkreis Literatur der Arbeitswelt e.V.
c/o Wolf-Dieter Krämer, Fasanenstr. 41 a, 85757 Karlsfeld
E-Mail: C.W.Kraemer@t-online.de

Geest-Verlag, Lange Straße 41 a,
49377 Vechta-Langenförden
Tel. 04447 / 85 65 80
Fax. 04447 / 85 65 81
E-Mail: Geest-Verlag@t-online.de
http://www.Geest-Verlag.de

Inhaltsverzeichnis

Grußwort 8
Vorwort 9
Gabi Anders-Hanfstingl:
Weit sehen 13
Oliver Behnssen:
Pfiff dreizehn: In diesem unserem Land 18
Pfiff vierzehn: Fernsehen 19
Cengiz Dogu:
Das Lied der Gastarbeiter 20
Sobald ich Rheinhausen sage 21
Die Straßenkinder der Menschheit 22
Abend in der Fremde 24
Markus Dosch:
Geburtstagsparty 25
Klaus Eckhardt:
schluckbeschwerden 30
Siegfried Grundmann:
Nun streikt mal schön! – Der Streik der IG Druck 33
und Papier 1973
Richard Heinzel:
Wenn Arbeiter sich ein Haus erschinden 41
Bernhard Horwatitsch:
Glücksschlag 44
Auf der letzten Station 45
Günter E. Kohlbecker:
Lebensdauer 46
Wolf-Dieter Krämer:
Die Personalratssitzung 56
Krieg dem Kriege! 58
Nur ein unbedeutender Bauer 60
Arbeitslos – Hoffnung und Utopie 61

Freiheit	62
Fragen	63
August Kühn:	
Die Vorstadt – 2. Teil (gekürzt)	64
Fritz Märkl:	
Die Liste	72
Marie-Sophie Michel:	
Geh hinaus	76
In Memoriam	77
Schreiben	79
Alt werden	80
Theaterskandal	81
Neue Methoden	82
Alter	83
Ute Rott:	
Prinzip Hoffnung	84
Schönheitsideal	85
Draama	86
Gläser spülen	87
Marianne Selke:	
Der Betrieb der Zukunft	90
Ed Schmitt:	
im kasten	99
neunzig grad gedreht	101
el l l l l l be	103
Siegfried Schwerdtfeger:	
Betriebsjubilar	105
Verkäuferin	106
Spekulanten	107
Kaouther Tabai:	
Die Patissière	108
Halima	113

Georg E. Thomas:
Der Goanna 116
Am Mississippi 119
Am Pool 121
Michael Tonfeld:
Einiges über uns – Marginalien zum Arbeitskampf 123
'78 in der Druckindustrie
Artur Troppmann:
Wahnsinn 129
Liebe Oma 131
Moderne Zeiten 133
Angst 135
Dieter Walter:
Das Ableben des Martin R. 136
Johann Weilbuchner:
Das geklonte Schaf 141
Rainer-Georg Zehentner:
„Drunten in Anschöring" 144
Chronik Werkstatt München im Werkkreis Literatur 148
der Arbeitwselt

Die Autoren 172
Albert Heinzinger 181

Grußwort
Von Prof. Dr. R. Scholz

Der Werkkreis Literatur der Arbeitswelt, längst totgesagt, macht noch und wieder von sich reden. Zweiundfünfzig Texte Sozialkritik, Momentaufnahmen von Arbeit und Arbeitskampf, und wie man und frau sich dabei fühlt. Unsere Gesellschaft braucht solche Texte. Die Verarmung an Darstellungen aus dem Arbeitsleben, aus dem Blickwinkel von unten, droht zum blinden Fleck unserer Öffentlichkeit zu werden. Die wenigen Werkstätten die es noch gibt, sind Inseln im Meer des Vergessens.

Eine Gegenöffentlichkeit wollten die Werkstätten schaffen, weg von der Prominenz an den Ort der Arbeit selbst, mit Texten gegen die schriftstellerische Professionalität, gegen den bürgerlichen Begriff literarischer Kunst. Die Zeugnisse aus über drei Jahrzehnten sind imponierend, aber die Zahl der jährlichen Veröffentlichungen ist viel zu gering, das Interesse des Publikums nicht breit und intensiv genug.

Der Kampf der Arbeitenden um eine bessere und gerechter bezahlte Arbeit hört nie auf, und ohne Literatur über diesen Kampf kann keine reale Utopie entstehen. Die neuen Texte der Werkstatt München sind dazu ein Beitrag, sie setzen die Diskussion fort. Mögen sie viele Leserinnen und Leser finden!

Vorwort

33 Jahre Werkstatt München im Werkkreis Literatur der Arbeitswelt

Von Gabi Anders-Hanfstingl, Ulrich Bardelmeier, Markus Dosch, Wolf-Dieter Krämer

Euphorie, Aufbruchstimmung, das Gefühl, etwas verändern zu können, Teil eines historischen Prozesses zu sein, dies alles bewegte die Teilnehmer und Teilnehmerinnen an der Gründungsversammlung am 18. April 1970 im Gasthaus 'Grüner Inn' in der Türkenstraße. Niemand dachte jedoch ernsthaft daran, dass dieser neue Literaturverein auch im Jahr 2003 noch existieren und damit zu einer der ältesten, aktiven literarischen Autorengruppen in München avancieren würde. Besonders erfreulich ist, dass die beiden Gründungsmitglieder Markus Dosch und Siegfried Grundmann heute noch mitwirken.

Trotz vieler Höhen und Tiefen und schon des öfteren totgesagt, sind seine Hauptthemen nach wie vor die Vielschichtigkeit der Arbeitswelt und deren Auswirkungen auf das Alltagsleben. Textdiskussionen, die Auseinandersetzung mit der Sprache und das 'Handwerk des Schreibens' bilden dabei den Schwerpunkt der Werkstattarbeit.

Mehrere Publikationen, Veröffentlichungen von Mitgliedern, zahlreiche Lesungen und zwei bundesweite Herbstakademien dokumentieren die vielfältige Tätigkeit der

Werkstatt München. Sie leistet mit einer Fülle literarischer Formen ihren Beitrag zum Literaturgeschehen über Münchens Grenzen hinaus.

Es geht darum, eigene Erfahrungen zu dokumentieren und die Situation von abhängig Beschäftigten bzw. von Arbeitslosen darzustellen und literarisch zu verarbeiten.

In unseren Texten findet man die reale Welt des Schriftsetzers, Postboten, Asylsuchenden, der Programmiererin, Betriebsrätin sowie des Arbeitslosen.

Die Mitglieder der Werkstatt suchen den Dialog mit den Lesern und Leserinnen bei Veranstaltungen im Stadtviertel, Lesungen, Seminaren, Kundgebungen oder Betriebsversammlungen.

Gesellschaftliche und politische Umwälzungen thematisieren heute nur wenige Autorinnen und Autoren. Und wenn sie es tun, entscheiden sie sich häufig für Klamauk, Zynismus oder Beliebigkeit. Es geht uns nicht um 'gefälliges' Schreiben, sondern wir versuchen, Literatur zu machen für und mit allen, die sich nicht abfinden wollen mit dem, was ist.

Schreiben verlangt Sensibilität, genaue Wahrnehmung, Erlebnisdichte und den Wunsch, über das Reagieren auf die Wirklichkeit hinauszukommen. Der echte Humor, die Satire, die Komik des Alltags und auch der Arbeitswelt dürfen dabei nicht auf der Strecke bleiben. In den Werkstatt-Gesprächen fragen wir: Welche Sicht der Welt willst du enthüllen und warum?

In der Werkstatt-Arbeit wird die Vehemenz der gesellschaftlichen und politischen Umwälzungen thematisiert. Partei ergreifen, wie es der Werkkreis versteht, grenzt Rassismus, Kriegsverherrlichung, Menschenverachtung und faschistische Einstellungen aus.

„Poesie wie Brot? Dieses Brot müsste zwischen den Zähnen knirschen und den Hunger wiedererwecken, ehe es ihn stillt. Und diese Poesie wird scharf von Erkenntnis und bitter von Sehnsucht sein müssen, um an den Schlaf der Menschen rühren zu können." (Ingeborg Bachmann)

Die 24 Autorinnen und Autoren dieses Bandes unterscheiden sich nach Milieu, Schreiberfahrung, Generation und bearbeiteten Themen. Die Vielfalt der Beiträge veranschaulicht einen Querschnitt der vergangenen Jahrzehnte bis zur Gegenwart. Gedichte und Aphorismen wechseln sich ab mit Kurzgeschichten, Erzählungen und experimentellen Texten. Das Themenspektrum reicht von der Arbeitswelt über Streiks, Rassismus, Krieg und Frieden, der begrenzten Freiheit durch Gartenzäune, bis hin zu Eindrücken von der „Hai-Society" am Mississippi.

Bedanken möchten wir uns bei allen, insbesondere bei den Autorinnen und Autoren, die zum Gelingen dieses Buches beigetragen haben. Ganz besonders gilt unser Dank der Familie Reisinger für die Erlaubnis zum Abdruck der Grafiken des gewerkschaftlich engagierten Künstlers Albert Heinzinger. Darüber hinaus gilt unser Dank auch dem DGB und ver.di München, dem Kulturreferat der Stadt München sowie dem Bayernforum der Friedrich-Ebert-Stiftung für deren fortwährende Unterstützung.

Schneeräumer, Holzschnitt, Albert Heinzinger

Gabi Anders-Hanfstingel

Weit sehen

Hanna war mit wenig Gepäck angekommen. Die Koffer der anderen Fremden blockierten die tiefverschneiten, engen Einfahrten der Gasthäuser und Hotels. Nervöse Männer schleppten die Familienlast, während Kinder erste Schneebälle platzierten. Sie war allein gekommen und hatte keine Mühe darauf verwendet, ein Zimmer zu suchen. Hanna ging in das erste Haus im Ort und nahm die ihr angebotene Unterkunft unbesehen. Es war spät vormittags. Auf ihrem Zimmer stellte sie den einzigen Stuhl ans Fenster und setzte sich. Es fiel kein Schnee mehr, das Grau der dichten Wolken wich und entblößte einen sonnenhellen Gipfel. Da war ein Funkeln und Spuren von Himmel. Die geraden Baumwipfel erinnerten sie an ihre Flucht. Umfallen. Sie blieb an ihrem Platz, aber alles um sie schrie und bohrte: die Kristalle am Fenster, geborstene Äste, bleiche Lichtungen, Windstöße, die das Glas vibrieren ließen. Ihre Gedanken wanderten zurück.

Abschiebung ist Folter – Abschiebung ist Mord. Viele hatten es gerufen. Dann immer weniger. Die Blockaden auf der Autobahn, gefolgt von den ersten Selbstverbrennungen. Sie hatte Angst vor Feuer, deshalb benutzte sie kaum Kerzen. Kerzenlicht, das den Raum eintauchte in rätselhaft Verborgenes, ein Menschengesicht aber zart umhüllte.

Gestern Nacht hatte Kamaran die Dunkelheit gebraucht, um ihr seinen Entschluss mitzuteilen. Nun war sie hier, im Gebirge. Alles kam ihr ganz unwirklich vor. Sie musste laufen. Laufen war notwendig, um zu leben.

Im Dorf sah sie ein Textilgeschäft. Sie ging hinein und probierte Mäntel. Keine Loden, keine Trenchcoat. Sie fand einen russischen Mantel und drehte sich vor dem Spiegel. Die Verkäuferin redete eifrig auf sie ein: „Ideal. Der ideale Mantel für ihre lange Figur. Sie sind groß und schlank und der Mantel betont die Figur, gnädige Frau. Das Preis-Leistungsverhältnis ist ausgewogen, der Pelz natürlich nicht echt. Wir wollen doch die Tierwelt schonen. Alles einfach ideal, gnädige Frau ..." Hanna lächelte und zahlte. Ihre dünne Jacke ließ sie im Geschäft zurück.

Kamaran würde sie erkennen. Spöttisches Lächeln. Ja, die Linken in den imperialistischen Hochburgen. Das Mantelgeschäft war typisch für sie, las sie in seinen Augen. Und doch war es nur die Oberfläche. Ihre schnellen Schritte fegten den Stoff zur Seite. Der Wind trieb ihn zurück. Sie war ganz vertieft in dieses Spiel, während sie über ein Feld ging. Grausamer Raureif durchzog das Land der enthaupteten Sonnen.

So würde es auch bei ihm sein. Vielleicht noch kälter, noch mehr Schnee. Aber er würde sich lagern müssen mit schweren Rucksäcken und einer MP.

Auch gestern Nacht waren sie gelaufen. Sie hatte darum gebeten. An den Fluss waren sie gegangen, den schwarzen, Lichter vibrierenden, stillen, vertrauten Fluss, der sie begleitet hatte in all den Jahren, seit sie sich erwachsen glaubte. Er wusste nichts davon, sah nur, dass sie ruhiger wurde. Fließen wie Wasser und doch alle Dämme brechend, unmerklich, stetig, unaufhaltsam. Dann aber kam die Erinnerung an ihre ersten Berührungen durch Worte, Gedanken, Musik. Sie waren aufeinander zugegangen, verweilten, zögerten, steckten die Hände in ihre Taschen, blieben stehen, sahen auf den Fluss und horchten in das Dunkel des Anderen. Auf einmal drang in ihr Bewusstsein, was alt war, vertraut: Es gab ihn. Da war Staunen, Leichtigkeit und Freude. Eine ganz neue Freude, die alles erfasste. Daran hatte sie sich erinnert, gestern Nacht. Der Anfang und das Ende nun. Plötzlich fehlte es Hanna an Luft, ihre Brust hob sich beim Einatmen, doch Mund, Nase und Hals schienen enger und enger zu werden. Sie geriet in Panik, die Augen weiteten sich anstelle des Halses. Alles wurde konfus, die Bewegungen – Kamaran verstand nicht – überquellende Angstbottiche voll Schmerz, dazu noch Scham und der Gedanke: Jetzt nicht schwach werden, auf keinen Fall, nicht jetzt. „Pause ... ich brauche eine Pause ..." Sie blieben stehen. Es wurde besser. Sie versuchte einen Diskurs. Kamaran unterbrach sie mit heftigen Küssen. Verlangen versus Liebe. Entscheidungen traf er allein. Sie lebte damit. Immer schlechter. Was war da ein Mantel dagegen? Seine Regel hieß, sei stark. Lass dich auf nichts so ein, dass du nicht mehr frei bist in deinen Entscheidungen. Ein Mann ist ein Mann.

Sie fror. Unten am See eine dünne Eisschicht, die nicht trug. Graues Wasser, graublau mit schwarzen Vögeln. Wasser in ihren Augen. Wut kochte Tränen. Ein Pferdeschlitten kam ihr entgegen. Nichts wissen, nichts spüren, sich umherfahren lassen mit Glockengeläut, unter einer warmen Decke, wieder Mädchen sein, die Pferde riechen, den Alkohol, den Schnee, nicht wissen, nie ankommen.

Der Weg ist das Ziel, sagten jetzt viele. Eine Legitimation, lange zu frühstücken, die Gewaltfrage zu umgehen, alles zu nehmen, was sich anbot: die Grünen, die PDS, Erdbeeren im Winter, einen Mann.

So war Kamaran nicht. Ein Held wollte er sein. Ganz einfach. Wie ein Held des Spanischen Bürgerkriegs, des antifaschistischen Kampfes. Er wollte, dass Worte und Taten in Übereinstimmung lebten in seinem Herzen. Wie naiv war er doch. Er hatte wenig Erfahrung, schien ihr. Mit Frauen und mit der Politik. Er glaubte ihr, wenn sie log, so wie er seinen politischen Führern vertraute, blind eben. So war Kamaran vorwärtsgestürmt an die Front.

Sein Stürmen ist in Wirklichkeit ein Torkeln, dachte sie böse. „Du bist ja nur neidisch!" Ja, seine Unbefangenheit war großartig. Sein Kopf kannte weniger Kurven und Wege als ihrer. Jedes Handeln war Kamaran leicht. Ihr wurde es schwerer mit jedem Tag, mit jeder Nachricht, mit jedem Buch, mit allem, was ihr geschah. Ja, geschah. Früher hätte sie gesagt: Wie ich erlebt, was ich tat. Die Wirklichkeit wuchs Stunde um Stunde wie ein vielköpfig feuerspeiendes Ungeheuer, Dissonanzen dröhnten, Fleischbrocken schleuderten ihr entgegen, Leiche um Leiche, Knödelhaufen. Sie roch verbranntes Fleisch von Schweinen, von Menschen. Knochen knirschten schrill unter blutdurchtränkten Uniformjacken, Jodler und Jovis, der Kleine. Eine Facette und noch eine, nicht schön wie das Schillern der Farben im Kaleidoskop, nur grausam.

Der August 1914, Wien 1938 ... Warum wissen wir immer erst mit 80 Jahren Abstand was wir hätten tun sollen? Unser Dilemma. Die Berge rührten sich nicht. Das Karussell der Fragen und Emotionen fand kein Echo. Mächtige Massen aus Stein, Geröll und Eis stießen ihren Schwindel zurück. Steile Grate boten Möglichkeiten zum Absturz. Und Aufstieg. Ein Freund hatte aus Johannesburg geschrieben: „Wenn alles eng wird für dich und du den Überblick verlierst, geh nach Afrika!"

Morgen würde sie sich Felle ausleihen und auf den Berg gehen. Sie wollte endlich weit sehen. Trotz der Lawinen. Die ziehenden Wolken löschen das Mondlicht nicht aus.

Oliver Behnssen

Pfiff dreizehn: In diesem unserem Land

Nach 1983 wird in der Bundesrepublik keine Politik von Bedeutung mehr gemacht werden können, es sei denn, sie wäre Flickwerk.

Im politischen Spektrum der Bundesrepublik werden die Liberalen auch in Zukunft jederzeit in der Lage sein, liberale Positionen bis zum Umfallen zu verteidigen, es sei denn, sie schrumpfen sich auf diesem mühevollen Wege zu einer Hausbesitzer-Gewerkschaft herunter.

Kohl trifft Mitterand in Heidelberg. Wo trifft er mich? In den Magen.

Kohl zeichnet sich in seinen Reden durch eine eigentümliche Interaktionsfähigkeit aus, insofern es ihm immer wieder gelingt, Kalauer zu Kohlauer zu verwandeln.

Die Deutschen haben nicht nur die besten Wolkenkuckucksheime, sondern auch die besten Wolken.

Pfiff vierzehn: Fernsehen

Das Fernsehen arbeitet nach dem Prinzip der unheimlich verlangsamten Guillotine. Es trennt uns innerlich aber um so sicherer den Kopf vom Rumpf, je weniger wir die Bruchteile von Millimetern spüren, die uns täglich tiefer in den Nacken eindringen.

Sitzt man nun lange genug vor dem Fernseher, ist irgendwann mal definitiv die Rübe runter, denn man sitzt ja dann gar nicht mehr mit seinem eigenen Kopf vor der Glotze, sondern mit dem vom Fernsehen manipulierten, mit dem fernsehkonformen Kopf.

Cengiz Dogu

Das Lied der Gastarbeiter

Die schwarzen Vögel umkreisen meine Träume, mein Kind,
meine schönsten Hoffnungen hängen zerfetzt in ihren Schnäbeln,
sie stürzen sich auf mich mit Geschrei,
am frühen Morgen erwache ich mit Angst in den Augen.

Die Tage der Frühlingsfreude sind schon zu Ende,
mit welchem Staunen hatten wir die Maschinen berührt,
auf dem Müll, in den Gruben, auf dem Bau,
jetzt weiß ich nicht, wo meine Hände ihr Geschick verloren haben!

Erzeuger unerträglicher Sehnsüchte waren wir, mein Kind,
und auch Züchter der schönsten Blumen waren wir,
ach Deutschland, vertane Jugend,
nicht einmal die Fetzen meines Lebens kann ich jetzt einsammeln.

Die schwarzen Vögel umkreisen meine Träume, mein Kind,
meine schönsten Jahre hängen zerfetzt in ihren Schnäbeln,
weich und warm wollte ich das Leben begrüßen,
am frühen Morgen erwache ich mit Angst in den Augen.

Sobald ich Rheinhausen sage *

Ich laufe auf den Straßen,
auf den Straßen laufen Arbeiter,
sobald ich Rheinhausen sage,
verwandelt sich mein Gesicht in eine Nelke.

Alles, was ich liebe auf dieser Welt,
umarme ich innig,
sobald ich Rheinhausen sage,
werde ich eine Faust des Widerstands.

Ich singe die Lieder heller als alle anderen,
meine Stimme vermischt sich mit dem Leben,
sobald ich Rheinhausen sage,
findet das Lied des Stahls in meiner Stimme ein Echo.

Rheinhausen läuft auf den Straßen,
auf den Straßen laufe ich,
he Arbeiter, he Handwerker,
los, ich rufe auf zur Solidarität.

In Rheinhausen kämpften die Arbeiter, die Frauen und eine ganze Stadt 160 Tage lang vom 26. November 1987 bis 19. Mai 1988 um den Erhalt der Arbeitsplätze im Krupp-Stahlwerk.

Die Straßenkinder der Menschheit

Die Möwen, das sind die Straßenkinder des Meeres
CAN YÜCEL

In Neuburg, an dem Donauufer,
umkreisen mich die Möwen
mit dem Kummer auf ihren breiten Flügeln,
mit der Meeressehnsucht in ihrem Geschrei.

Die Möwen,
– natürlich lieben sie mich nicht –
sie umkreisen mich, gierig
nur nach den Brotkrumen,
die ich in die Luft werfe.

Weder das silbernasse Strahlen
der Fischernetze,
noch der Duft nach Fisch, nach Jod, nach Salz,
noch die Freiheitslieder des endlosen Blaus
können jetzt die Möwen zurückrufen.

Die Möwen, fremd sind sie hier, schweigsam,
den ganzen Tag grübelnd, schmollend,
sie warten nur immer am Ufer des Flusses
auf die Brotkrumen, die man ihnen zuwirft ...

Die Menschen, wie Möwen, fliehend kamen sie
nach Europa, in die Freiheit der Herren,
an den Tisch der Herren der Welt,
aus Anatolien kamen sie,

grübelnd, schweigend, auf der Flucht,
aus Asien, aus Afrika kamen sie
wie die Möwen, fremd, voller Sehnsucht
wie die Möwen, mit ihren Schreien.

Hinter manchem Rücken
droht der Tod,
aus dem dunklen Lauf der Gewehre,
hinter manchem Rücken
droht das Gefängnistor, die gefangenen Jahre,
hinter manchem Rücken
wie eine Waffe, wie eine Gefangenschaft,
ein schrecklicher Hunger,
eine geplünderte Erde.

Im Namen des Lebens, fliehend kamen sie,
wie die Möwen kamen sie,
wie die Möwen kamen sie,
die Flüchtlinge, die Straßenkinder der Menschheit.

Abend in der Fremde

Die Sehnsucht schreibe ich an meine Stirn
Mit dem Zug der Kraniche und mit den Liedern
Wenn der Abend näher kommt in meine Hände
Ertrage ich nicht die Einsamkeit der Fremde

Ich tauche leise ein in die Erinnerungen
Als ginge ich in einen wunderschönen Garten
Und aus meiner Brust ziehe ich meine Jugend heraus
Verziere ich sie mit vergessenen Blumen

Die Sehnsucht schreibe ich an meine Stirn
Mit den Fließbändern und mit den Maschinen
Während ich in meinen Händen meine verlorenen Jahre suche
Verliere ich mich in den Abend der Fremde

Markus Dosch

Geburtstagsparty

Das Telefon rasselt, und ich kann mir schon denken, wer dran ist. Heute ist Freitag, und wenn einer aus unserer Arbeitsgruppe feiern will, dann macht er es immer am Freitag, so zwischen halb eins und zwei. So hat es der Gruppenleiter angeordnet, damit ja keine Arbeitszeit mit Feiern verloren geht. Denn am Freitag, da hauen die Mädchen allemal um zwei ab, da ist nichts zu machen, gar nichts. Und so geht am wenigsten Arbeitszeit drauf. Also keine Feier am Geburtstag selbst, da darf das Geburtstagskind schon mittags nach Hause.

Früher war das ganz anders, da wurde von mittags bis tief in die Nacht gefeiert, und dann ging's oft noch in ein Lokal, in dem der harte Kern bis in der Früh' aushielt. Aber diese Zeiten sind längst vorbei, Legende die Besäufnisse, die schnellen Liebschaften und die scheußlichen Katerstimmungen am nächsten Tag.

Ich lass das Telefon rasseln, denn ich weiß ja, wer dran ist. Sie wollen mich einladen zur Geburtstagsparty von Fräulein Renate. Es muss ja alles heimlich gescheh'n, denn der Vorstand hat es strikt untersagt, dass in den mit neuem, feinem Teppichboden ausgestatteten Räumen gegessen oder getrunken wird. Na ja, ein bisschen trinken darf man schon, denn die Luft in den Büros ist trocken und staubig, und vor allem im Sommer klebt dir die Hitze die Zunge fast an den Gaumen. Und so dürfen wir schon Mineralwasser trinken, aber bitte nur die Marke, die es in der Cafeteria im fünften Stock zu kaufen gibt. Denn Mineralwasser macht ja keine Flecken, und der neue feine Teppichboden ist ja auch gewissermaßen ein Geschenk der Firma an ihre Angestellten. Und wir wollen doch unsere Büroräume so schön und sauber halten wie die gute Stube bei uns zu Hause. Das ist doch nicht zuviel verlangt, oder?

Der Betriebsrat hat sogar durchgedrückt, dass zum Mineralwasser schon mal ein Apfel verdrückt werden darf, aber in Maßen, versteht sich, damit ja nicht der neue, feine Teppichboden verschandelt wird.

Also ist die Geburtstagsparty eigentlich illegal, weil's da Sekt und Orangensaft und Plätzchen, Crackers, Salzletten und Kartoffelchips gibt. Deswegen feiern wir in einem Raum, der vom Gang her nicht einzusehen ist. Außerdem steht eines der Mädchen an der Tür zu unserem Arbeitsraum und meldet sofort das Anrücken eines der Häuptlinge von der Abteilungsleitung.

Das Telefon rasselt immer noch, ich nehme ab. Es ist tatsächlich die Einladung zur Geburtstagsparty, und ich mache mich fertig zum Abhauen in den zweiten Stock. Mit meiner Magnetkarte öffne ich mir den Weg ins Schlaraffenland. Ich komme mir vor wie ein Held aus dem Märchen, der mit einem „Sesam öffne Dich" in die wunderbaren Geheimnisse einer anderen Welt eintaucht.

Unsere Spionin begrüßt mich locker und deutet auf die Bude, in der die Geburtstagsparty abläuft. Ich weiß natürlich, wo's langgeht und komme gerade dazu, als einige der Mädchen auf das Geburtstagskind anstoßen. Wir sind in unserer Gruppe ungefähr 23 bis 25 Leutchen, das wechselt, bis auf den Chef, den Leo und mich lauter junge Mädchen. Der Chef meint, mit den Alten ist ja eh nichts anzufangen, und die Jungen lassen sich noch kneten und formen, und er hat ein leichteres Arbeiten mit ihnen. Dass er, der Chef, selbst mal alt wird oder werden will, ficht ihn nicht an. Es ist ja noch so weit bis dahin.

Die Mädchen hocken in lockeren Grüppchen um die Arbeitstische. Die Gruppe mit Leo lärmt am lautesten. Sie lachen wohl über die geilen Witze, die Leo zum Besten gibt. Aber die haben die Mädchen oft selbst auf Lager, und Leo muss sich anstrengen, um sie zu übertrumpfen. Eine andere Gruppe süffelt still vor sich hin, und ab und zu holt sich eines der Mädchen einen Chip oder einige Salzletten und knabbert an ihnen wie ein kleines Häschen. Fast alle trinken Orangensaft oder Gespritzten, denn sie kommen mit dem Auto ins Büro, da kann man sich keine Promille erlauben. Auch Leo trinkt den „Nymphenburg" mit Saft gespritzt. Nur der Chef, ich und ein oder zwei Mädchen trinken den Sekt pur. Der Chef sagt, ich bin doch nicht kastriert und trink das Mixzeugs, und ich geb' zu, dass der „Nymphenburg" pur besser anmacht und schneller die Zunge löst.

Obwohl November ist, scheint die Sonne von einem hellen, blauen Himmel. Die Dunstschwaden des Zigarettenrauchs schleichen Richtung Fenster, das einen Spalt geöffnet ist. Viele Mädchen rauchen, und wie bei jeder Geburtstagsparty gibt's die Diskussion, ob das Rauchen am Arbeitsplatz verboten werden soll oder nicht. Dann unterhält man sich in einer Gruppe über die Unverschämtheit von Wohnungsvermietern und in der anderen über die beste Fahrtroute, um dem täglichen Stau zu entgehen.

In der Arbeitsgruppe gibt es fast immer neu einzuarbeitende Kolleginnen. Die Fluktuation ist ganz schön groß, und der Chef hat sich schon mal unangenehme Fragen deswegen anhören müssen. Die Neuen sitzen meistens etwas abseits der Grüppchen und beobachten, das Glas mit dem Orangensaft auf dem Schoß, die Szenerie.

Das Geburtstagskind hat es schon längst aufgegeben, etwas Leben in die Runde zu bringen. So lauert es nur darauf, wenn jemand sein Glas fast ausgetrunken hat, um gleich eifrig nachzuschenken. Keinem unserer Kunden würde ich anraten, jetzt anzurufen, denn die Mädchen fassen es als Zumutung auf, am Freitag vor zwei Uhr noch gestört zu werden, schon gar, wenn eine Geburtstagsparty gefeiert wird. „Blödes Arschloch" oder „Depp" sind die gängigen Komplimente für den, der es wagt, um irgendeine Auskunft zu bitten.

Gegen halb zwei kommt der Chef dazu. Er kann sich das nutzlose Herumsitzen und -stehen natürlich nicht erlauben. Er und ich trinken dann den restlichen Sekt aus. Der Chef schaut immer wieder unruhig zur Tür, denn der Spion hat sich schon längst zu uns gesellt und hockt bei einem der Grüppchen herum. Kurz vor zwei werden die ersten Mädchen nervös und raffen ihre Taschen und Plastikbeutel und ihre Jacken zusammen. Punkt zwei stieben sie dann wie ein Schwarm wilder Bienen auseinander, und eine Salve von „Tschüss" ... „Hallo" ... „Pfüat Di" und „Servus" knattert durch den Raum.

Natürlich kann das Geburtstagskind noch nicht abhau'n, denn der Chef und ich trinken ja noch den Rest „Nymphenburg". Es muss ja auch noch jemand die Tische in Ordnung bringen, alles Verdächtige wegräumen und die leeren Sektflaschen, im Beutel versteckt, in den Müllschlucker auf der Damentoilette befördern. Wenn alles dann so aussieht wie vor der Party, saust auch das Geburtstagskind wie ein geölter Blitz davon in das nahe Wochenende. Der Chef ist natürlich froh, dass keiner unserer Häuptlinge die Party gestört hat. Denn wer mag schon gerne vorm Wochenende noch einen sauberen Anschiss, noch dazu wegen einer Geburtstagsparty.

Ich hau' auch ab in mein Zimmerchen im vierten Stock. Auf dem Bildschirm seh' ich, dass nächste Woche die Frau Perschofsky Geburtstag hat. Also gibt's wohl am nächsten Freitag wieder eine Geburtstagsparty mit „Nymphenburg", Orangensaft, Plätzchen und Crackers, Salzletten und Kartoffelchips. Und wir werden uns wieder darüber streiten, ob das Rauchen am Arbeitsplatz nicht generell verboten werden soll und ob die Renate nicht doch den besten Weg gefunden hat, um dem täglichen Stau ein Schnippchen zu schlagen.

Klaus Eckardt

schluckbeschwerden

und zur abwechslung mal chronologisch: dienstag früh in unserem großraumbüro. drei stapel mit papieren auf meinem schreibtisch. eilig. besonders eilig. ganz besonders eilig. ich nehme abwechselnd von jedem, damit mir keiner über den kopf wächst. dann kommt er, der abteilungsleiter – im weiteren nur noch er genannt. greift in meine stapel. sucht. biegt ecken um. faltet, knickt, legt unteres zu oberst – bis es nur noch ein stapel ist. eher ein haufen. wissen sie denn nicht, dass das wichtig ist? das müssen sie doch vorziehen! na, hören sie mal, das sollte doch schon längst erledigt sein! kommen sie mir nicht damit, dass die kollegin krank ist. sie sind eine hochbezahlte fachkraft, da erwarte ich auch ein entsprechendes engagement. er raus, ich zur kaffeemaschine, tief durchatmen und eine tasse schwarz in kleinen schlücken. und nochmal auftritt er. sagt nichts, aber sein blick.

dienstag mittag in der kantine. essen zwei für sieben mark fünfzig. schmeckt ganz ordentlich und macht auch satt. er im abgetrennten bereich für führungskräfte. redet, lacht, frisst wie eine sau. bekommt natürlich alles an den tisch gebracht. zu faul zum laufen. nach einer halben stunde nickt er mir freundlich zu – gefolgt von einem blick auf seine uhr und – noch einem freundlichen nicken. leicht erhöhter puls. bestimmt nicht vom essen. wieder im büro gleich zur kaffeemaschine. leichtes zittern. bestimmt nicht vom koffein. mit der tasse an den schreibtisch und hineingekniet. dann das malheur: ein kaffeefleck. eigentlich nur ein rand von der tasse, aber als er es sieht, eine wortwörtlich riesenschweinerei. und zwar in einer lautstärke, die sogar die defekte klimaanlage übertönt. ob ich nicht besser aufpassen könne. köpfe gehen hoch. schließlich seien das wichtige dokumente. höre mich sagen: wenn sie es in die finger nehmen, kommen noch fettflecke dazu. und bin überrascht, erschrocken, fassungslos.

an dieser stelle – lautstärke etwa wie fernsehen im altenheim – chronologie nur schwer fortführbar: sie kommen entschuldigen sofort mit mir sie ins büro ich habe das nicht das ist so gemeint ja unerhört wenn sich das hat mich provozieren ein nachspiel. und es hallt in meinem kopf emkopf emkopf wie das echo in der felswand elswand elswand. puls hundertzwanzig, gesichtsfarbe rot, zittern unübersehbar. er verschwindet in seinem büro. schreit nochmal: sofort. wirft die tür ins schloss. gehe langsam hinüber, muss die tür wieder öffnen. verschwinde in das büro. schließe leise die tür. zittern unübersehbar. kein nehmen sie platz, kein freundliches nicken. worte, viele worte, laute worte, deren sinn hier nur zusammenfassend wiedergegeben werden soll: wenn das nochmal vorkommt, fliege ich raus. ich schlucke. kein widerwort. er hat alle trümpfe in der hand. würde niemals mit ihm karten spielen. und wortlos an die arbeit. ich schlucke.

auf dem heimweg weht mir ein kalter wind ins gesicht. ich schlucke. verbringe den abend vor dem fernseher. schlucke mein abendbrot hinunter. schlucke sieben bier und das gesamte programm bis zum sendeschluss. mittwoch morgen auf schweißnassem laken. aufstehen, waschen, kaffee aufsetzen, brote schmieren, und spätestens beim frühstück immer wieder an den schmerzenden hals greifen. schluckbeschwerden. statt ins büro zum arzt. fünfzehn minuten warten. jetzt auch noch temperatur. was los sei und sieht mir in den hals. sieht hinunter bis in mein verletztes ego. spendet trost mit seiner väterlichen hand auf meiner schulter und schreibt mich bis ende der woche krank.

Siegfried Grundmann

Nun streikt mal schön!
Der Streik der IG Druck und Papier 1973

13 %! Das war viel. Das war stark. Das war eigentlich unverschämt. Eine Provokation. Darüber konnten sich die Leute aufregen. Taten sie auch. Die Zeitungsleser. Die Zeitungskommentatoren. Die Leitartikler: „Wo bleibt das Stabilitätsbewusstsein?" Ja, wo bleibt es denn? Zum Teufel noch mal!

13 %! Mit dieser Lohnforderung unserer Gewerkschaft hatten wir auch nicht gerechnet. Aber bitte, bitte. Für den zu erwartenden Tarifpoker vielleicht gar nicht mal schlecht. Was zum Schluss dabei herauskam, stand auf einem anderen Blatt. Taktik. Maximalforderungen stellen, war gute alte Geschäftspraxis. Dann ein bisschen runtergehen mit den Preisen. Kompromissbereitschaft zeigen. Das übliche Ritual.

Anscheinend sollten wir diesmal die Vorhut sein. Den Rammbock machen gegen die Zehn-Prozent-Mauer. Auch für andere Gewerkschaften. Sollten wie im Stabhochsprung die Zehn-Prozent-Meßlatte überqueren, möglichst beim ersten Versuch.

Wo würden sie sich diesmal treffen in den Verhandlungen? Mit wieviel Prozent abschließen? Wie immer ein spannendes Ratespiel. Einmal hatte ich das richtige Endergebnis nur um 0,1 % verfehlt. Diesmal war ich unsicher und stand eigentlich überhaupt nicht aus voller Überzeugung hinter der Gewerkschaftsforderung. 8,5 % hätte ich vorgeschlagen. Höchstens 9 %. Aber die Mehrheit der Mitglieder war dafür, als die Stimmungslage in einer Versammlung erkundet wurde.

Meine Frau war auch dafür. ‚Je mehr desto besser' war ihre einfache Überlegung dazu. Und als darüber abgestimmt werden sollte, ob wir für diese Forderung notfalls auch streiken würden, meinte sie: „Stimm halt dafür. Kannste doch ein paar Tage zu Hause bleiben. Ihr bekommt doch Streikunterstützung von der Gewerkschaft, oder? Die sollen ruhig mal was rausrücken. Haben doch sicher Geld genug."

Frauen denken eben praktisch. Vor allem Hausfrauen.

Wir schritten also zur sogenannten Urabstimmung. Das Ergebnis war positiv. Die Mehrheit bekundete Streikbereitschaft.

Aber zuerst gab es mal ein paar kurze Warnstreiks. Einmal standen wir zwei Stunden in der Setzerei herum. Setzer, Tasterinnen, auch wir Korrektoren. Eben alles, was so dazugehörte. Es wurde Bier getrunken, geraucht, gequatscht, politisiert, auch über den Sozialismus. Ob der besser sei ... Einerseits, andererseits.

Warnstreiks sollten ja spontan sein. Aber die Spontanität war uns wohl abhanden gekommen in zwanzig Jahren streikloser Zeit. Sie wurde vom Betriebsrat aus organisiert. Wenigstens in diesem Punkt war es wie im Sozialismus.

Im übrigen war die Zeitung schon fertig, so dass nicht nur wir im Raum standen, sondern auch die Frage: Wozu überhaupt noch streiken? Allerdings war die Zeitung noch nicht gedruckt und ausgeliefert. Der Zweck der Sache ist doch, dass es morgen in der Zeitung steht, meinten besonders Schlaue. Ach so. Aha. So ist das also.

Aber dann streikten auf einmal die Rotationer im Keller. Die waren anscheinend nicht so zimperlich. Jedenfalls konnten sie das Erscheinen der Zeitung verhindern. Nun stand es zwar nicht mehr in der Zeitung, dass gestreikt worden war, aber die Leute merkten es. Da waren nun die Redakteure sauer, weil sie ihren Kopf umsonst angestrengt hatten. Dafür ließ sich die Geschäftsleitung etwas einfallen. Sie verfasste ein Rundschreiben an alle Mitarbeiter im technischen Bereich und machte höflich darauf aufmerksam, dass nach erfolgter Urabstimmung alle Arbeitsniederlegungen illegal seien, die nicht von der Gewerkschaft angeordnet sind. Aber unsere „spontane" Arbeitsniederlegung war doch von der Gewerkschaft angeordnet worden. Quatsch. So was durfte man ja nicht mal denken.

Inzwischen wurde verhandelt. Die Arbeitgeber boten 9 %. Ihnen fiel es also schwer, über die Zehn-Prozent-Hürde zu springen. Verständlich. Dazu mussten sie erst gezwungen werden. War mir ja fast schon peinlich, was wir mit denen trieben.

Am Dienstag, dem Tag, an dem die Tarifkommission unter der Leitung eines aus Berlin eingeflogenen Schlichters zum entscheidenden Match antrat, hatte die Gewerkschaft wieder zu einem zweistündigen Warnstreik für jede Schicht aufgerufen. Das war nun eigentlich legal.

Aber der Verlag kam uns zuvor und zwei andere Zeitungsbetriebe in München zogen mit. Der Verlag teilte uns mündlich und schriftlich mit, dass er sich angesichts dieser neuen Arbeitsniederlegungen entschlossen habe, am nächsten Tag keine Zeitungen erscheinen zu lassen, was ihn bedauerlicherweise zwinge, die Mitarbeiter zu bitten, das Betriebsgelände zu verlassen und ihre Tätigkeit erst wieder mit Beginn der Mittwochschichten aufzunehmen.

Wir standen ziemlich verdattert da, als uns das angekündigt wurde. Niemandem, auch nicht den Mitgliedern des Betriebsrats, fiel gleich etwas dazu ein. War das nun eine Aussperrung oder nicht? Eine Frage für Juristen. Die streiten sich heute noch darüber. Denn es geht vor allem darum: Wer soll das bezahlen?

Wir mussten jedenfalls das Betriebsgelände verlassen, packten unsere Sachen zusammen und gingen hinaus ins Schneegestöber. Einige wollten noch „etwas machen". Aber was?

„Wir marschieren zum Konferenzlokal der Tarifkommission und demonstrieren dort."

Oder: „Wir gehen zusammen ins Vollmarhaus und warten dort ab."

Aber nichts geschah. Alles verlief sich nach und nach. Manche blieben vielleicht noch in einer Kneipe hängen.

Ich ging ins jugoslawische Reisebüro und buchte dort den Sommerurlaub für die Familie auf der Insel Rab.

Als ich heimkam, war es Zeit zum Mittagessen. Meine Frau und hoffentlich auch die Kinder freuten sich mit mir über meinen freien Tag.

Draußen schneite es. Deshalb war es drinnen besonders gemütlich an einem unerwartet freien Tag.

Es war mein zweiter Streik in meinem fast fünfundzwanzigjährigen Arbeitsleben, das erst nach dem Krieg begonnen hatte. Für mich, der ich aus einem bürgerlichen Elternhaus stammte und die höhere Schule besucht hatte, war Streik etwas Ungehöriges, was man eigentlich nicht tun durfte als wohlerzogener Bürger. Streik war so etwas wie „Pfui, baba ...!" Etwas, was die Arbeiter, die Proletarier machten, und in der Zeit, in der ich zur Schule ging, auch nicht mehr machen durften. Denn Hitler war an der Macht und als kurz nach der Machtübernahme der Nazis in meiner Heimatstadt, einem Schwerpunkt der Textilindustrie in Schlesien, Aufrufe zum Generalstreik an Fabrikmauern und Häuserwänden auftauchten, war das wie ein Aufruf zum Umsturz aus dem Untergrund, ein letzter Appell zum Widerstand.

Streiken war heute gemütlicher – ohne das große Risiko früherer Zeiten.

„Die Streikunterstützung wird aufs Girokonto überwiesen", sagte ich zu meiner Frau.

„Na also", sagte sie, „was willst du mehr. Dann streikt mal schön ein paar Tage."

„Nachdem sie ihre Kontonummern hinterlassen hatten, setzten sich die Herren Arbeiter in ihre Autos und fuhren auf ihre Landsitze", lästerte eine Nachbarin am Abend. Sie ist Sekretärin, sehr tüchtig und sicher auch stolz darauf. Deshalb ist sie davon überzeugt, dass sie die Gewerkschaft für sich selbst nicht nötig hat. Das sei nur was für Leute, die sich nicht durchsetzen können in der Arbeit – und im Leben.

Wenn man nicht zu empfindlich ist, muss man ja zugeben, dass wir uns so ganz allein, ohne die Hilfe einer Gewerkschaft doch ziemlich schwer getan hätten im Arbeitsleben, trotz aller fachlichen Tüchtigkeit, auf die wir übrigens auch stolz sind. Aber den Lebensstandard, wie wir ihn jetzt erreicht haben mit den Zulagen für Schichtarbeit, Sonntags- und Feiertagsdienst, Antrittsgebühr an Sonntagen und so weiter – das hätte einer allein für sich nie geschafft, nicht mit noch so viel Tüchtigkeit – und Unverschämtheit! Ich hätte mich sowieso nicht getraut. Immer hübsch bescheiden, treu und brav, angepasst und unauffällig – so kommt man am besten durchs Arbeitsleben, habe ich vor zwanzig Jahren auch noch gedacht, als Folge von zwei Jahren Dienst in der Wehrmacht!

Und so war meine Bereitschaft zu einer gewissen Aufmüpfigkeit, Zivilcourage genannt, auch ein Stück der allgemein geforderten Vergangenheitsbewältigung.

Im übrigen hätten wir ohne das tariflich verankerte Urlaubsgeld nicht nach Jugoslawien fahren können. „Dazu braucht man eben eine Gewerkschaft", sage ich zur tüchtigen, aber sonst recht netten und umgänglichen Nachbarin.

„Mag ja sein", meint sie, „aber der kleine Mann" (meint sie mich auch damit? Klein bin ich ja schon, in Zentimetern gemessen und kleingemacht wird man ja überall, wo andere über einen verfügen können ...), „aber der kleine Mann", meint sie also, „kriegt doch nie genug. Das ist doch das alte Lied. Heute fahren die Proleten alle dicke Autos, aber nie sind sie zufrieden. Wollen immer noch mehr."

„Das ist System", sage ich. „Die Unzufriedenheit wird stimuliert, durch die Werbung, im Radio, in den Illustrierten, im Fernsehen, wo auch immer. Das gehört nun mal dazu, damit die Wirtschaft floriert und alle Arbeit haben."

„Aber es kann doch nicht immer so weitergehen", sagt die nette Nachbarin fast verzweifelt. „Höhere Löhne, höhere Preise!"

„Die Preissteigerungen fressen die Lohnerhöhungen immer wieder auf", sage ich. „Aber ist das unsere Schuld? Wir sind auch schon mit viel weniger zufrieden gewesen, und trotzdem sind die Preise weiter gestiegen. Und gestreikt haben wir zwanzig Jahre lang nicht mehr."

„Man muss zufrieden sein mit dem, was man hat", sagt die nette Nachbarin, „und sich sein Leben so einrichten, dass man zufrieden sein kann. Aber die kleinen Leute sind eben nie zufrieden."

Schon wieder die „kleinen Leute" ...

„Nur die kleinen Leute?" entgegne ich. „Warum muss denn ein Millionär immer noch mehr Millionen haben?"

Und so weiter. Das geht immer so hin und her und führt immer zu nichts.

Wir hatten uns eine Eigentumswohnung gekauft. Das war unser privates Streikrisiko. Wir mussten Kreditzinsen zahlen und lebten vorübergehend am Rande des Existenzminimums. Die Streikunterstützung brauchten wir also dringend. Aber wieviel würde es sein und wie lange würde der Streik dauern? So gemütlich war es also doch nicht, jetzt zu streiken, auch wenn wir optimistisch waren und uns nicht übernommen hatten. Aber es gab immer Unwägbarkeiten, Risiken. Krankheiten und Unfälle konnten einen Strich durch unsere Rechnung machen. Und auch für die Gewerkschaft war es ein Risiko, denn sie wusste nicht, wie lange die Gegenseite aushalten und pokern würde. Und jeder Tag kostete sie Geld, das sie vielleicht in ein paar Jahren wieder brauchen würde.

Doch diesmal ging alles gut und unerwartet schnell. Denn schon um Mitternacht desselben Tages wurden sich die Tarifpartner einig – bei 10,8 %!

Das war weniger als erhofft. 11,2 % wären optisch besser gewesen. Und nicht nur optisch. Immerhin: Die Arbeitgeber waren über die Zehn-Prozent-Hürde gesprungen. Wenn auch zähneknirschend.

Richard Heinzel

Wenn Arbeiter sich ein Haus erschinden

In einem Unterkunftsraum, den ein langer Tisch und zwei ebenso lange Bänke fast ausfüllen, machen etwa zehn Bauarbeiter Brotzeit. Jeder der Männer hat seinen gewohnten Platz eingenommen und von dem staubigen Tisch einen Flecken für sich allein sauber gewischt. Davor hocken sie geduckt und schweigend, trinken Bier und mampfen in Ruhe ihre Wurstsemmeln oder nagen an einer Schweinsrippe.

Da wird mehrmals an der klemmenden Tür gezerrt, bis sie aufgeht, und hereinkommt ein Neuer, von einer anderen Baustelle überwiesen. Der ist wissbegierig und mitteilsam und bringt noch während des Umkleidens ein lebhaftes Gespräch in Gang. Als er an den Tisch herantritt und dort einen alten Bekannten bemerkt, einen Bauhelfer in den Fünfzigern, begrüßt er ihn durch Handschlag, setzt sich ihm gegenüber und fragt mit besonderer Neugier: „Du hast doch immer gespart auf eine Eigentumswohnung! Wie weit biste damit vorangekommen?"

„Ich hab's aufgegeben", antwortet der Gefragte mit einem Seufzer. „Die Preise dafür sind mir ständig davongerannt, und eines Tages is mir das ewige Rechnen und Knausern und die Überstundenschinderei zu dumm geworden."

„Du hättest eben ein Darlehen aufnehmen sollen", wirft ein anderer ein, „und das geliehene gute Geld mit immer schlechter werdendem Geld zurückzahlen. Was meinste, wie viele Geschäftsleute sich auf die Art gesundstoßen! Das wär aber auch für dich bei den ständig steigenden Löhnen kein Ding der Unmöglichkeit." – „So viel weiß ich heut auch!", bestätigt der Alte. „Aber so leicht das eigentlich zu sehen war, damals hab ich's trotzdem nicht erkannt, und heute ist es zu spät."

„Wieso zu spät?", wundert sich der Neugekommene. „Haste dein Geld nich mehr?" – Ich hab mir damit eine gute Zeit gemacht und ohne Arbeit gelebt, vier Jahre lang, bis der Kies zu Ende war. Vor allem bin ich viel auf Reisen gegangen, um vor dem Abkratzen noch was von der Welt zu sehen."

„Immerhin haste doch was für dein Geld und deine Mühen gehabt", meint der Neue, „im Gegensatz zu manchem anderen. Kannst du dich an den Kreilinger Toni erinnern?" – „Der sich immer ein Haus erwerkeln wollte?", fragt der Alte zurück. „Hat's der auch nicht geschafft?"

„Er hat's geschafft", berichtet der Gesprächige, „aber um welchen Preis! Viele Jahre sind beide, Mann und Frau, zum Geldverdienen nach München gefahren, er als Bauhelfer, die Frau als Bauputzerin. Gewohnt haben sie beide bei einem Bauern. Wenn sie abends heimkamen, ging die Arbeit auf dem Bauernhof weiter. Dafür durften sie mietfrei wohnen und kriegten von dem nämlichen Bauern ein Stück Land für nicht allzu viel Geld. Das war an und für sich ein guter Anfang, aber dann ging die Plackerei erst richtig los.

Jeden Feierabend bis zum Dunkelwerden, jeden Samstag von früh bis in die Nacht mussten sie danach auf ihrem Grundstück rackern, die Baugrube ausheben, die Grundmauern hochziehen, den Maurern, den Zimmerern und Dachdeckern an die Hand gehen. Als das Häusel endlich stand, musste noch die Einrichtung beschafft werden. Dann endlich kam die große Abspannung, aber gerade die hat der Frau nicht gut getan. Sie ist urplötzlich umgekippt und nach ein paar Tagen gestorben. Der Mann hat sie ein halbes Jahr betrauert und dann eine neue Frau genommen, die einzig den Fehler hatte, dass sie jünger war als er. Und weil ihm die schwere Zeit auch noch in den Knochen steckte, so hat er diese Ehe nicht verkraftet und lag ein Jahr später ebenfalls in der Grube. Die junge Witwe mochte ihr Leben natürlich nicht vertrauern und hat sich ziemlich bald einen anderen Mann gesucht. Jetzt sitzen zwei Leute auf dem Grundstück, die für die Errichtung des Hauses nicht einen Handschlag getan, nicht eine Stunde Zeit, nicht einen Pfennig Geld geopfert haben!"

Fast alle lachen und schütteln die Köpfe und einer fragt: „Is da wirklich alles mit rechten Dingen zugegangen? Is da niemand vergiftet worden?" – „Keiner hat das mindeste Unrecht begangen, und keinem ist das geringste Unrecht geschehen", versichert der Erzähler. „Aber die zwei, die alles geschafft haben, beschauen sich jetzt den Rasen von unten."

Bernhard Horwatitsch

Glücksschlag

Als der Polizist der ihn gefunden hatte
uns die Nachricht brachte
waren wir überrascht
obwohl wir alle
damit hätten rechnen können
so wie er lebte
für uns und für seine Arbeit
wie er immer wieder sagte
weil seine Arbeit sein Leben war
unkündbar wie er stets betonte
hätten die Amerikaner nicht die Firma
aufgekauft weswegen er die Lebensversicherung
abschloss und als wir dann hörten
dass es der Schlag gewesen sei
der unseren Vater getroffen hatte
waren wir auch erleichtert
denn er hätte ihn überleben
können und was wäre dann
aus uns geworden

Auf der letzten Station

Das leere Bett
die Wand ohne Bilder
und ihre mutigen Gesichter
in die ich morgen blicken werde
so mutig zurücksehend
wie es mir eben möglich ist
in dieser heilen Welt
und ich werde ihnen sagen
wie es nicht ist
und Hoffnung ernten
und ich werde wissen
dass es sinnlos wäre
ihnen die Wahrheit zu sagen
die wir verkraften könnten
wenn wir Menschen wären
und ich werde ihnen sagen
dass alles gut wird
und sie werden nicken sogar lächeln
vielleicht nur noch wenige Tage

Günter E. Kohlbecker

Lebensdauer

Der Fall Unterforsthuber war ihm, Herrn Dr. jur. Schulz-Vorndran, noch gut im Ohr. Jener war der Meister der Uhrmacherwerkstatt und für alles zuständig, was mit mechanischer Steuerung und Uhren zu tun hatte. Ihn einen Könner zu nennen, war eine schamlose Untertreibung, gab es ein Problem, so schickte man nach ihm, er kam, ließ sich mürrisch den Schaden schildern, orderte beim Auszubildenden, den er stur „Lehrbua" nannte Weißwurst, Brezen und Bier, ging äußerst bedächtig daran, dies alles zu verzehren, dann öffnete er den Uhrenkasten oder was sonst nicht funktionierte und begann einen zähen Kampf mit Zahnrädern, Federn, gebläuten Zeigern und winzigen Madenschrauben. Hin und wieder stöhnte er, ließ auch einen Wind ab – mehr zum Verscheuchen seiner Zuschauer, als aus echter Notwendigkeit – irgendwann schraubte er das Gehäuse wieder zu und sagte: „Geht scho!" Und es ging.

In dem großen Werk gab es viele Geräte, die zu steuern waren. Einige hatte man schon auf EDV umgestellt, wenn sie liefen, ging es schon schneller, nur sie fielen ebenso oft aus wie die alten vollmechanischen, und hier lag das Problem. Bis der Service kam, vergingen einige ausfallträchtige Stunden, der sagte dann entweder, der Chip ist überholt oder der ganze Rechner ist schon so alt wie Methusalem und das kostete. Der werkseigene Controller kam bald darauf, dass das System Unterforsthuber zwar hoffnungslos veraltet aber wesentlich billiger war. Das schmeckte Herrn Schulz-Vordran gar nicht. Er hasste jede Form der Innovationsphobie, war überzeugter Computerfreak, kannte er doch den Unterschied zwischen Festplatte und Arbeitsspeicher. Windows, Word und Excel waren ihm geläufig, arbeiteten doch seine Sekretärinnen damit, und auf seinem Schreibtisch stand stets das neueste PC Exemplar mit einigen Gigabyte – oder waren es Terabyte ? – auf der CPU. Die Programme mit den neusten Updates waren selbstverständlich aufgespielt. Bevor er kam, hatte man den Computer schon hochgebootet, damit er sich warmlaufen konnte; denn Warten war Schulz-Vorndran's Sache nämlich nicht. Die Tätigkeit am PC blieb in Grenzen, er beschränkte sich darauf, ein wenig im Internet zu surfen und die virtuellen Speicher seiner Mitarbeiter zu durchstöbern.

Herr Unterforsthuber dagegen betrachtete die EDV weder mit den Augen des Controllers noch mit denen des Vorstands, sondern mehr von der praktischen Seite. Er wunderte sich über deren Empfindlichkeit. So hatte ein größerer Batzen Kunstharzemulsion eines der elektronischen Geräte umhüllt und dadurch in kürzester Zeit die Funktion der ganzen Maschine lahmgelegt. Der herbeigeeilte Kundendienst maulte irgend etwas von Hitzestau und zitierte immer wieder die Bedienungsanleitung. In Herrn Unterforsthubers Augen war das keine vertrauensbildende Maßnahme, das sagte er auch jedem im Werk.

Deshalb und aus einem weiteren Grund war er auf dem Kieker von Schulz-Vorndran. Praktisch alle, die im Werk etwas zu sagen hatten, waren Besitzer von Uhren. Ob Armband-, Taschen-, Kuckucks-, Stopp- oder Big Ben Standuhr, Erbstücke, geschenkt oder auf dem Trödel als Rarität gekauft, sie existierten – aber mit Macken. Herr Unterforsthuber kannte fast alle Macken – noch mehr aber kannte er die Psyche der Besitzer, er reparierte die Kostbarkeiten oder Schrotthaufen – während der Geschäftszeit – und dachte sich seinen Teil. Als Niederbayer war er von Geburt aus maulfaul, Vielredner waren ihm ohnehin verhasst, kamen sie zum Abholen ihrer Uhren, so stieg der Preis mit jeder Minute, die sie ihn anlaberten. Zu seiner Gerechtigkeit sei gesagt, es traf keine Armen. So hatte er im Werk Narrenfreiheit, er nutzte das nicht aus, keineswegs, er sah nur seiner Rente mit gewisser Sorge entgegen und suchte den Zeitpunkt mit allen ihm verfügbaren Mitteln hinauszuschieben.

Herrn Schulz-Vorndran war dies ein Dorn im Auge. Das Gehalt war keiner Kostenstelle direkt zuzuordnen, die Nebentätigkeiten noch weniger, die ganze Uhrmacherwerkstatt ein einziger Fall zum Outsourcen.

Denn die elektronische Steuerung der Maschinen hatte drei unbestreitbare Vorteile. Das eine war ihre Größe, respektive das Gegenteil. Der ganze Mechanismus, derzeit mit den Dimensionen einer Standuhr schrumpfte zu einem Schnakenstich – na ja eigentlich war es mehr der Wespenstich eines Allergikers – er wog auch praktisch nichts, was Energie zur Bewegung der Masse ersparte und vor allem, dank der raffinierten Fuzzy logic, konnte es Abläufe vorausahnen, damit wurden die Maschinen schneller und noch wirtschaftlicher. Außerdem hatte die Konkurrenz ihre Mechanik schon längst auf den Müll geschmissen.

In einer Vorstandssitzung zückte Herr Schulz-Vorndran diese Kostenargumente, ein Diagramm mit blau und rot überzeugte und mit Herrn Unterforsthuber's 62ten wurde die letzte „Standuhr" auf den Müllplatz gefahren, wo ein Sammler schon darauf wartete. Der folgende Nervenkrieg dauerte ein halbes Jahr, dann wurde die gesamte Gruppe „Uhrmacher" in den vorzeitigen Ruhestand geschickt.

So weit, so schlecht.

Kurz nach dem Krieg hatte das Werk eine Sonderanfertigung nach Togo exportiert und man war darauf aus mehreren Gründen stolz. Einmal war's der erste derartige Auftrag für Bayern, zur Übernahme kamen Männer schwarz wie Ebenholz, die perfektes Französisch anstatt des amerikanischen Slangs sprachen und die Maschine lief seitdem fast fünfzig Jahre unaufhörlich ohne Mängel. An dem Tag, wo Herr Unterforsthuber seinen Ausstand gab, kam der Hilferuf aus dem Urwald. Die Maschine verweigerte den Dienst, der dortige Vorarbeiter schabte den Dreck vom aufgenieteten Firmenschild, tippte die Nummer ins Telefon und einige Tausend Kilometer nördlich gab es ein Problem.

Herr Schulz-Vorndran sprach sich dafür aus, einen exzellenten Verkäufer hinunterzuschicken, das neueste Modell mit Elektronik ferngesteuert, samt einem Vollwartungsvertrag zu verkaufen und das alte Gerät auf den Schrotthaufen zu werfen. Die neue Maschine könnte man weit unter Selbstkosten abgeben, der Gewinn kam über die Wartung mehrfach wieder herein. Ein reizvoller Entwurf, zumal der dort zuständige Regierungspräsident augenscheinlich mit IBM verbunden war. Der Senior dagegen grummelte irgendetwas von Arbeitsplätzen, Firmenehre und ausgekochter Hühnerscheiße, meinte, Unterforsthuber sei der Richtige, um bayrische Wertarbeit unter Beweis zustellen. Natürlich gab sein Wort den Ausschlag. Schulz-Vorndran argwöhnte, der Patriarch wollte seinem Schafkopfbruder eine Dienstreise als Abschluss seines Arbeitslebens zuschanzen, sagte es aber wohlweislich nicht.

Und so kam Josef Unterforsthuber nach Wagaluga in Togo, in den Urwald. Die Fabrik zu finden war ein Kinderspiel im wahrsten Sinn des Wortes, denn eine Schar Buben und Mädchen rannte dem Jeep fröhlich schreiend nach. Auf dem Werksgelände, bei der Erläuterung des Schadens hielten sie zwar gebührend Abstand, begleiteten aber jedes der Worte des Chefs mit lautem Gekicher. Unterforsthuber war es egal, Kinder hatten ihn noch nie gestört, Zuschauer, gleich welchen Alters und Bildungsgrads, war er gewohnt – nebenbei erstaunte ihn immer wieder, wieviel dummes Zeug gerade die sogenannten „gscheiten Leut" daherredeten – und das, was der Chef als Schaden schilderte, verstand er sowieso nicht, es war ein Gemisch aus Französisch, Deutsch und dem örtlichen Dialekt. Sie beide verband die Sprache der Technik, welche international ist. Er klopfte ihm beruhigend auf die Schulter, sagte: „Des wird' scho' wieder", und öffnete seine Werkzeugtasche. Ein Lederfleck klatschte in den Sand und darauf wurden Schraubenzieher, Schlüssel, Zangen und was sonst noch daherkam, in allen Größen ausgebreitet. Als die Kinder bedrohlich näher rückten, gar nach den blinkenden und nach Öl duftenden Utensilien greifen wollten, da zog Unterforsthuber die Notbremse, wickelte seine Mundharmonika aus, blies das Kufsteiner Lied an und reichte das Instrument einem ihm aufgeweckt scheinenden Mädchen. Es klappte. Während es mit dicken Backen seltsame Melodien erzeugte, klatschten und stampften die anderen den Takt dazu und der Meister betrachtete in Ruhe seinen Patienten. Die gesamte Steuerung, welche die 50 Jahre klaglos funktioniert hatte, war in einem Stahlgehäuse seitlich an der Maschine befestigt. Tropenregen jeglicher Qualität hatte sie weggesteckt, einen Elefantentritt ebenso, dass Löwen öfters darauf pinkelten war riechbar, doch die Fugen des Blechs waren dicht. Einmal hatte eine Schlange sie abzureißen versucht, deshalb war das Blech verbogen, aber der deutschen Wertarbeit wurde die Python nicht Herr. Obenauf – Herrn Unterforsthuber überkamen sentimentale Gefühle – glänzte das Firmenschild aus Messing. Name mit Anschrift sowie Fernrufnummer, Fabrikationsziffer, Herstellerjahr und dann ganz unten eine VII, die Punze seines ehemaligen Lehrherrn. Er nahm ehrfurchtsvoll die Mütze ab. Die Fähigkeiten dieses Mannes – bei dem er gelernt hatte – waren so überragend, dass man Schiffschronometer von Hamburg zu ihm ins tiefste Bayern zur Reparatur sandte. Und im Werk raunte man sich zu, er könne sogar Sonnenuhren in der Nacht zum Laufen bringen.

Nach einer Minute der Besinnung begann er sein Werk. Den Kniff zum Lösen des Deckels kannte er aus dem Effeff. Es ging etwas härter, daran war die Python schuld, doch dann lag der Metallkasten auf der Lederdecke und Unterforsthuber blickte in das Gehäuse in ein nur scheinbares Chaos aus Wellen, Zapfen, Rädchen, dicken wie dünnen Spiralen und gezackten Scheiben – eben die Steuerung – hinein. Es wurde dunkel, auch war es beängstigend still, er drehte den Kopf, schaute nach oben und sah einen Kreis von schwarzen Gesichtern, neugierigen Augen und offenen Mündern mit weißen Zahnreihen. So ging es nicht. Er deutete auf den Platz, die Kinder folgten sofort und er wand sich wieder den Innereien seines Patienten zu. Ein Grund für den Stillstand des Werkes war nicht zu sehen, selbst der Staub hielt sich in Grenzen – das sprach für die Qualität der Dichtbänder aus Filz. Er klemmte sich die Lupe vors Auge, knipste die Bleistifttaschenlampe an, senkte den Kopf in das Gerät hinein. Nichts Ungewöhnliches. Und so begann er langsam die Maschine auseinander zu nehmen. Auf der Lederdecke lagen plötzlich Zahnräder aus Messing, dünne Federn aus blauem Stahl, Wellen, die an den Enden spitz wie Nadeln zuliefen oder ballig endeten, Stahlstifte mit ganzen oder halben Zahnradwalzen darum, Metallzylinder in mehreren Größen, Schrauben dünne wie dicke mit Withworth- und metrischem Gewinde, Messingplatten mit so dünnen Kerben, dass auf der Oberfläche das Sonnenlicht sich in die Spektralfarben zerlegte.

Immer tiefer ging es in die Eingeweide. Plötzlich erklangen die Vier Jahreszeiten, einmal, zweimal, dreimal, das Mädchen mit der Mundharmonika zog sein Handy aus der Werkzeugtasche, hielt es ihm höflich hin. Herr Unterforsthuber litt beileibe nicht an Innovationsphobie, jetzt aber störte die neue Technologie wirklich, er packte das Ding, stieß einen fürchterlichen Fluch aus, warf es in hohem Bogen in den Urwald und zerlegte weiter. Dieser Wurf hatte Folgen. Zum einen vergrößerten die Kinder ihre Distanz, denn diese Form von Cholerik akzeptierten sie gerne, zum anderen hatte Schulz-Vorndran als Anrufender einen Mordshass, weil er seinen Gedanken nicht loswerden konnte. Unterforsthuber derweil arbeitete mit feinsten Zangen und Schraubenziehern, die mehr Haarnadeln glichen. Als das ganze Uhrwerk hinter ihm ausgebreitet lag, da hatte er den, besser die Übeltäter gefunden. Ein Termitenstamm war in die Maschine eingedrungen und dann durch den schmalen Spalt zwischen Gehäuse und Welle in die Steuerung gelangt. Dort bauten sie ein Nest und ernährten sich auch von dem wenigen Öl der Uhr, beides tat der Genauigkeit nicht gut, mit den vorher beschriebenen Folgen. Die Übeltäter zu töten, das Nest abzubrechen, die ganze Uhr wieder zusammensetzen, neu zu ölen und den Deckel aufzuschrauben, war Sache einer knappen Stunde. Dann aufziehen des Federwerks und siehe – die Maschine begann wieder zu laufen.

Die Kinder klatschten, während er sein Werkzeug einpackte. Der Chef schüttelte ihm überschwänglich die Hände, Unterforsthuber dagegen sehnte sich nach einem Weißbier. Der Jeep brauste davon und hinterließ eine im Klang einer Mundharmonika sich wiegende Kinderschar, sowie ein Handy, welches immer leiser die Vier Jahreszeiten piepste, bis die Batterien erschöpft waren.

Die kalte Dusche erreichte Herrn Unterforsthuber zwei Tage später im Werk, als er sofort zu Schulz-Vorndran zitiert wurde. Warum hebe er nicht das Telefon ab? Ob er denn wahnsinnig sei, ein solch' altes Monstrum zu reparieren? Eine völlig obsolete Technik, so was gehört ins Museum. An dem Scheißding hat niemand in den letzten 50 Jahren was verdient, weil es nicht einmal einer Wartung bedarf! Ob er denn die Firma ruinieren wolle? Diese Neger, für die Arbeitsstunde zahlen sie schon fast nichts, die Maschinen laufen auch ununterbrochen, ohne kaputtzugehen, wie soll man dagegen noch konkurrieren? Und dann ist schon mal die Gelegenheit, man schickt einen Servicetechniker hinunter für teuer Geld, und was macht der? Anstatt Software und Hardware zumindest vorzuführen, repariert er das alte Gelump und wahrscheinlich so gut, dass es die nächsten zehn Jahren wieder klaglos läuft. Bin ich denn nur von Vollidioten umgeben? Diese Scheißtechniker, wollen alles perfekt machen, freuen sich, wenn die Maschine ohne Störung läuft. Wer denkt da an den Profit? Wovon glaubt er eigentlich, dass die Gehälter bezahlt werden?

Herr Unterforsthuber hörte schweigend zu. Das erste Mal in seiner Berufszeit überfiel ihn eine große Müdigkeit. Hatte er anfangs noch geglaubt, das dumme Gewäsch rühre daher, dass Schulz-Vorndran Preuße war – damit hätte er einen kleinen Bonus – so begann er jetzt zu spüren: Es war die neue Zeit. Gute Arbeit, Qualität, ununterbrochene wartungsfreie Funktion – kurz, das was sein Ethos ausmachte – hohle Worte, nichts mehr als Verkaufsargumente. Was zählte, war das Geld und sonst nichts. Und er erkannte, es war eine andere, jedoch keine bessere Welt. So drehte er sich zum Gehen, sagte: „Is scho' guat, Schulzinger; du host recht und i' mei Ruah"

Das Zitat beendete endgültig sein Arbeitsleben.

Wolf-Dieter Krämer

Die Personalratssitzung
oder die
wohl verhaltene Einvernehmlichkeit

Auf dem Meeresboden brodelt der Vulkan,
an der Oberfläche
wird nur noch Dampf abgelassen.

Im kleinen Kreis wird besprochen,
was es bedeutet, dem Kollegen
die Lohnaufbesserung
um etliche Monate zu verzögern.

Der Teufel steckt im Detail –
es gibt keinen Grund,
sich vom Teufel besetzen zu lassen.

Aus staubigem Regal
nimmt der Betriebsleiter
das elitäre Recht, dem Kollegen
in die mageren Taschen zu greifen,
ihm die berechtigte Lohnaufbesserung
zu verweigern.

Diese Personalratssitzung
bestärkt meine lange Wut,
meinen Willen zur Veränderung.

Sandstreuer, Holzschnitt, Albert Heinzinger

Krieg dem Kriege!

Flüstert es euren Säuglingen
    in die Wiege!
Sagt es nicht nur zärtlich
    euren Frauen!
Verweigert euren Männern
    alltäglich den Krieg!
Kein Schwur dem Militär!
    In Prozenten trachtet es nach dem Leben!
Ich will keine Nummer sein!
    Auch dies muss ich dem Militär schreien!
All jenen, die vom Wachstum ihrer Konto-Bücher reden,
    ist zu schreien:
Euer Profit ruht auf zerfetzten Menschen-Leibern,
    zerschossenen Gliedern,
    zerschossenen Gesichtern!
Hörten unsere Väter noch Marschmusik vor dem Tod,
    so hören wir den Knopfdruck
    heute nicht mehr!

Im Hitzeblitz, in der Druckwelle,
in dem Brandsturm, in den Gasen,
in der künstlichen Eiszeit,
in der Hungersnot,
mit der Dürre,
mit der Radioaktivität
erlischt das Leben – nicht nur der Menschen!

ES LEBE DER KRIEG DEM KRIEGE !!!

Nur ein unbedeutender Bauer

Fernsehbilder

Ein afghanischer Bauer
liegt im Krankenhausbett.
Sein Fuß ist zerfetzt,
sein Freund ist tot,
von einer Streubombe,
geschehen bei der Feldarbeit.

Tausende dieser
allgemein geächteten Bomben
wurden in diesem
„Krieg gegen den Terror"
abgeworfen,
das Land unbewohnbar gemacht.

Im Leben des Bauern
ein harter Einschnitt,
an anderen Stellen der Erde,
virtuelle Aktienwerte.

Arbeitslos – Hoffnung und Utopie

Ich hänge in der Warteschleife –
wieder einmal.
Ich könnte für diese Stelle der Richtige sein.
Ich höre wieder einmal:
bitte warten –
bitte warten –
das in Musik entgleitet.
Aus Tagen werden Wochen.
Wenn sie mich nehmen würden,
es wäre eine neue Welt ...
Ich werde von dem Signal
jäh aus der Hoffnung gerissen –
kein Anschluss unter dieser Nummer
 unter dieser Nummer
  dieser Nummer –
wieder
 und
wieder,
 unermüdlich.

Freiheit

In unserer kleinen Straße

hat die Freiheit

die gleichen Maße –

        die Gartenzäune.

Fragen

Warum wächst mit meinen Steuergeldern meine Akte beim
Verfassungsschutz,
obwohl ich nie gegen Demokratie und das Grundgesetz war?
Werde ich vor mir selbst geschützt?
Sind mehr als 30 Millionen Bürger registriert und somit geschützt?
Schützt die Verfassung des Verfassungsschutzes die Bürger?
Schützt der Verfassungsschutz vor Verfassungsfeinden?
Schützt der Verfassungsschutz vor der Verfassung?
Schützt die Verfassung vor dem Verfassungsschutz?,
wie es sein sollte!?

August Kühn

Die Vorstadt
Auszug aus dem Roman: Die Vorstadt

Zweiter Teil

„Mutter", sagt er, nicht wie früher, als er noch ein Kind war, ‚Mama'. Auch nicht dialektgefärbt ‚Muadda' sagt er, wie es geklungen hatte, wenn er mit den anderen Buben von seiner Schulklasse mal über sie geredet hatte. ‚Mutter' mit einem harten T in der Mitte, hart, sehr hart, dass sie es merken musste, wieviel Abstand er von ihr bekommen hatte, wie weit sein Erwachsenwerden ihn von ihr abgetrieben hatte und sie ihn nicht mehr ‚Wolfi' nennen sollte, und trotzdem nannte sie ihn immer so.

„Sie haben es mir in der Firma ausgerichtet, Mutter, dass du angerufen hast und dass ich vorbeikommen soll bei dir." Sie spürt seine kühle Sachlichkeit gleich an der Wohnungstür. Will sie nicht wahrhaben, wird eifrig, lädt ihn zu einem Kaffee in die Wohnküche ein, hat im Kühlschrank noch eine halbvolle Flasche Likör, Danziger Goldwasser, ganz hinten im Fach, nach dem Herausnehmen beschlägt sich die Flasche. Er ist von ihm, vor einem halben Jahr zum Muttertag steckte er in der Plastiktüte zusammen mit dem Sträußchen Frühlingsblumen, die er an den Türknauf gehängt hatte, als er sie nicht angetroffen hatte, weil sie doch, mit seinem Besuch nicht rechnend, einen Spaziergang in die Isaranlagen unternommen hatte. Er mag den schwachaufgebrühten Kaffee nicht und trinkt doch zwei Tassen davon. Auch die billigen Kekse dazu sind nicht nach seinem Geschmack, und er knabbert einen nach dem andern, denn mit vollem Mund braucht er nicht zu reden. Nur das Likörglas lässt er stehen, nachdem er nur einmal davon genippt hat. Dass sie dieses Gesöff so lange aufgehoben hat? Früher, wenn der Scheugenpflug so einen anschleppte, war er spätestens zu Silvester auf- und ausgetrunken.

„Also, Mutter?"

Wieder so ... geschäftsmäßig, konnte man sagen. Genauso würde ein Versicherungsvertreter vor ihr sitzen oder der Kundendienstmann einer Elektrofirma; abwartend, dabei bemüht, seine Ungeduld hinter einem Wall gemimten Interesses verbergend, doch mit direktem Blick auf sie Auskunft fordernd, unterstrichen noch durch eine nur scheinbar bequeme, wirklich aber gespannte Sitzhaltung, auf dem, solches begünstigenden Küchenstuhl mit gerader Lehne. Warum war sie bloß nicht gleich ins Wohnzimmer mit ihm gegangen? Richtig, ja, da sah es immer etwas unaufgeräumt aus, weil sie lediglich abends zum Fernsehen ein, zwei Stunden dort saß – unaufgeräumt war nicht der richtige Ausdruck, vielmehr unwohnlich, ja, so war es dort.

„Wolfi, so geschickt, wie du immer schon warst, da hab ich gedacht, dass du mir helfen könntest. Nämlich, ich hab vom Sicherheitsschloss an der Wohnungstür einen Schlüssel verloren, hab nur noch den Ersatzschlüssel. Und weil ich ihn nicht mehr gefunden hab und man nicht wissen kann, wer den sich aufgehoben hat, drum möcht ich den Schlosszylinder auswechseln. In dem Geschäft, wo ich ihn gekauft habe, da haben sie mir gesagt, es wäre ganz einfach, aber ich bin dann doch nicht damit zurechtgekommen. Da hab ich dann an dich gedacht." Wie sie so sein Gesicht ausforscht, da bewegt sich nichts darin, beunruhigt ist sie darüber, schuldbewusst plötzlich auch, muss daran denken, wie wenig Zeit sie gehabt hatte, mit ihm zu schmeicheln, als er noch das Kind gewesen war. Schnell fügt sie hinzu – bevor er zustimmen kann, „klar doch, mach ich, wird gemacht!" –: „Wolfi, oder, dafür bist du doch mein Sohn, mein tüchtiger?", und merkt schon gleich, bevor sie noch zu Ende gesprochen hat, am Krausen seiner Stirn, dass sie danebengetroffen hat.

„Klar doch, mach ich, Mutter. – Aber wer wird bei dir schon einbrechen, wenn er den Schlüssel gefunden hätte und auch noch wüsste, dass er zu dieser Tür gehört? Wäre schon ein besonderer Zufall, sag selber?"

„Wolfi, in der letzten Zeit, da sind überall in der Umgebung Ausländer zugezogen, wenn eine Wohnung frei geworden ist. Mögen ja anständige Leute sein, die meisten von denen, aber man hört auch immer wieder andere Sachen von denen. Ich will eben ein sicheres Gefühl haben, wenn ich außer Haus gehen muss. Das verstehst du doch, Wolfi, oder?"

Wolfgang Schmied machte sich gleich daran, ließ sich die Kiste mit dem alten Werkzeug geben – der Scheugenpflug war ein Bastler gewesen, fiel ihm ein, als er mit dem am Griff mit Isolierband umwickelten Schraubenzieher das

Sicherheitsschloss von der Tür schraubte. Zusehend stand seine Mutter dabei. Ihr anfängliches Schweigen hielt nicht, reden musste sie, wo sie ihn schon einmal da hatte.

„Von *meiner* Mutter weiß ich es, dass es schon immer Ausländer bei uns in der Stadt gegeben hat, und immer wieder. Welche aus Italien, die sind Ziegelbrenner und auch auf dem Bau gewesen. In Haidhausen, in der Au und Giesing, in den Vorstädten haben die gewohnt. Manche sind schon damals geblieben, haben hergeheiratet oder haben sich ihre Familie hergeholt."

Frau Scheugenpflug lacht. Oder ist es plötzlich nicht mehr die verwitwete Frau des Oberpostsekretärs, sondern das junge Mädchen von damals, das sehr junge, in der Schule noch, zu der sie den Weg nehmen musste durch die ‚romantischen' Herbergengassen der Vorstadt Au?

Wolfgang Schmied hält das Türschloss nun in der Hand, hört dieses seltene Lachen, was lacht sie? Fort ist mit einem Mal seine davorige Eile, er setzt sich ohne Hast in die Küche, fragt nebenher, ob noch Kaffee da sei, nein, aber sie wird einen neuen machen. Jetzt traut er es sich auch zu sagen: „Aber nicht so dünn." Und sie nimmt ohne zu zögern zwei Löffel voll gemahlenen Kaffee mehr aus der Dose. Eine unausgesprochene Vertrautheit zwischen Mutter und Sohn, zart und verletzlich, ungeübt, ist mit einem mal da. „Was war dir denn eingefallen, wo du gelacht hast?"

„Es war nur ... möchtest du auch noch ein Goldwasser? Aber dein Glas ist noch ganz voll!"

Wo dann Wolfgang so abwartend in seiner Tasse rührt, sie ihm gegenübersitzend nicht mehr ausweichen kann, wie sie es gerne möchte und doch wieder nicht, weil sie ihn möglichst lange nahe bei sich halten will, schwer fällt ihr da ein Anfang. „Also, eingefallen ist mir ..."

Dass ihm seine eigene Mutter etwas aus der Vergangenheit, aus der Geschichte, die ihn zu interessieren begann, geben konnte, wenigstens das Fenster ins Gestern aufstoßen, dass er darauf nicht früher gekommen war. Wie sie so erzählte, und dabei die vielen Einzelheiten aus ihrem Gedächtnis kramen konnte, dass es Wolfgang vorkam, als könne er dabei selbst Gerüche und Geräusche nacherleben und Bilder vor sich entstehen lassen in dieser Gegend, die ihm ganz anders vertraut war. Die Gegend, die ihr heutiges Kostüm erhalten hatte, als er selbst es noch nicht bewusst wahrnehmen konnte, weil er schon nicht mehr in dieser, sondern in einer anderen Vorstadt schlafen ging. – Viel war es nicht, was seine Mutter erzählen konnte – oder wollte.

„... wie gesagt, schon in der Schulzeit hat es immer geheißen: Die Auer, die Krattler, bei denen fressen die vielen Kinder vor Hunger den Kitt aus den Fenstern. Und der sagt einfach, dass er ein Auer ist, der Stolz von der Au wie in dem alten Lied von dem Stadtviertel ..."

Wann es wohl einmal ein so bekanntes Lied über seine Betonvorstadt Neuperlach geben würde?

„... kannst dir ja denken, wie ich den angeschaut hab. Aber er, der Hans – dein Vater ..." Eine automatische, wie zwanghafte Traurigkeit färbt Frau Scheugenpflugs Stimme einen halben Satz lang ein, dann redet sie etwas langsamer im Erzählton fort. „... nachgegeben hat er nicht, bis ich ihm das Mitgehen ins Kino zugestanden hab. Er war, das weiß ich noch wie gestern, wie er es mir eingestanden hat, ohne eine feste Arbeit. Deswegen, weil er gerade aus dem Arbeitsdienst heraus war, für ein Trinkgeld Erdschaufeln und so, und wegen dringender Familiensachen noch nicht zur Wehrmacht eingezogen war. Familiensachen! Sein Vater, also dein Großvater, ist eingesperrt worden, weil er so offen dahergeredet hat. Ein Auer, frech waren die immer, halt so Bauarbeiter und so was. Hat man bei den Nazis nicht dürfen, das hätte er sich denken können..., aber der Hans hat deswegen nicht gleich zum Barras müssen, wegen seiner Mutter, der hat er helfen dürfen. Die hat nämlich, solange es das damals gegeben hat, mit Hausieren was dazuverdient. Eine Seele von Frau! In dem Sommer damals, da hat sie auf den Hans und seine Hilfe verzichtet. Gemeint, der soll noch was vom Leben haben, bevor er zu den Soldaten muss. Ich war schon in der Handelsschule, ich sollte ja einmal was Besseres werden als Weißnäherin oder Friseuse. Ein schöner Sommer, viel Sonne, meine ich. Jedenfalls habe ich meine Aufgaben immer an der Isar gemacht. Im Liegen geschrieben auf einer Badedecke. Bei mir daheim habe ich zu hören bekommen, ich treibe mich rum, weil ich so pünktlich natürlich nicht daheim war. – Und dann hat der Krieg angefangen, und dein Vater hat doch einrücken müssen. Erst war er noch in Mittenwald. Er hat nach München kommen können, ein-, zweimal, vielleicht auch öfter. Und in den Ferien ich ihn mit dem Fahrrad meiner Mutter. Wie er dann nach Norwegen gekommen ist, waren wir so gut wie verlobt. Bei seinem Verwundungsurlaub haben wir geheiratet. – Deinen Großvater, also seinen Vater, haben sie nicht herausgelassen dazu. Besuchen war auch nicht erlaubt."

Nun kommt Wolfgang Schmied seine Mutter sich wieder alt vor, uralt, weit über ihre Jahre hinaus.

Wie sie bedächtig aufsteht, zur Küche hinaus und ins nebenan gelegene Wohnschlafzimmer schreitet, ja schreitet. Wie die Vergangenheit selber. Nein, die ist nicht mehr gegenwärtig, die ist vorbei. Unwiederbringlich? Mit einer altmodischen, am Verschluss reichlich abgegriffenen Damenhandtasche taucht die Mutter wieder auf. Im Hinsetzen schon lässt sie das Taschenschloss aufschnappen. Sie blättert den Inhalt durch, ohne ihn herausnehmen zu müssen, ist vertraut mit ihm, würde blind das eine oder andere davon finden. Verlegen trinkt Wolfgang Schmied den süßen Likör in einem Zug.

„Das hat mir dein Großvater geschickt zur Hochzeit. Selber gemalt hat er es."

Ein postkartengroßes Stück Papier, gelblich, an den Kanten faserig angefranst und bereits brüchig, liegt armselig auf der neuen Plastiktischdecke. Fünf Nelken sind darauf gezeichnet, kunstvoll mit rotem und grünem Farbstift. Fünf Blütenköpfe nebeneinander auf Stängeln, die sich am unteren Rand eben noch treffen. Wolfgang streckt die Hand danach aus, er möchte die Karte genauer betrachten, die Rückseite lesen, seine Mutter kommt ihm zuvor, hält sie ihm noch einen Augenaufschlag lang zum Ansehen hin, steckt sie in die Tasche zurück und hat gleich wieder ein Foto in der Hand.

„Das war er. Mit deinem Vater, der ist das Kind dazwischen. Das sind lauter Straßenbahner. Er war ja vor neunzehnhundertdreiunddreißig bei der Straßenbahn untergekommen, weiß nicht, als was. Danach hat er wieder dort aufhören müssen und ist wieder zum Bau als Schlosser."

Daheim, hinauffahrend mit dem Aufzug noch, hat er es im Kopf, das Gruppenbild freundlich dreinschauender Männer mit dem einen, dem mit dem Tintenstiftkreuzchen über dem Kopf, desjenigen, der dem vielleicht zehnjährigen Lederhosenbuben die Hand auf die Schulter legte, den zum Fotografieren stillhielt. Nahm sich noch vor, mit seiner Elli über den zu reden. Reden musste er über den mit jemandem, die Mutter, zu sentimental angerührt war sie ihm dafür erschienen.

„Hättest auch früher heimfinden können!"

Die war gereizt, sicher mit Recht, er hätte sie ja mitnehmen können zur Mutter. – Ja, er habe das Schloss gerichtet, sei nicht ganz so einfach zu machen gewesen, länger gedauert. Freilich, dann gleich gehen, hätte er auch nicht können, aber bei ihrer Mutter, da käme man auch nicht gleich weg. - Nun war keine Stimmung mehr zum Miteinandersprechen, auch seinetwegen, obwohl er nicht einen ganzen Tag lang seine Freundlichkeit für Kunden verbrauchen musste wie Elli an der Supermarkt-Kasse ...

Fritz Märkl

Die Liste

Obwohl niemand außer ihm im Büro war, zog Horst Halbmann die Schublade nur zögerlich auf, um den Zettel herauszuholen. Er legte ihn verstohlen in die aufgeschlagene Postmappe und prägte sich zum x-ten Male die vierzehn Namen ein. Vor allem die ersten sieben, fürs erste!

Die Biber hatte angeklopft, auf sein „Herein" brachte sie ihm noch mal vier dicke Schriftstücke, legte sie ohne ein Wort zu dem Stapel von Umlaufmappen auf seinem Schreibtisch. Über das grüne Linoleum schlurfte die alte Frau wieder hinaus. Er sah ihr nach. Sie gehörte bereits zum Inventar im Amt zu jener Zeit, da er als junger Ingenieur angefangen hatte. Er wusste nicht einmal, wie alt sie war. Biber wurde sie seit eh und je im Amt genannt. Wegen ihrer vollen Wangen wohl. Eigentlich hieß sie Fräulein Elfriede Biermann.

Auch in der nächsten Mappe war eine dicke Firmenrechnung. Sein Kontrollmeister hatte die Massen geprüft. Sein Ingenieur vorne hatte alles abgezeichnet, und er musste die Summe nun freigeben als Chef der Amtbauleitung. Über siebzig Millionen hatten sie bereits für den ersten Bauabschnitt ausgegeben. Rechnung für Rechnung hatte er gegengezeichnet und damit angewiesen. Seit zwei Jahren waren durch sein fußkaltes Baubüro gewandert: Angebote,

Aufträge, Nachträge, Rechnungen. Vor allem Rechnungen! Er dachte daran, dass Banken Provisionen von Darlehen abzogen, Vermittler Prämien bekamen. Hier, bei ihm, war das nicht so. Durch seine Hände ging nur Papier mit großen Summen darauf verzeichnet, die er zu beauftragen oder freizugeben hatte, je nachdem. Er sah nochmals nach dem Papier. Stellte sich hunderttausend Mark in Scheinen vor, dann das Doppelte.

Er rief seine Frau an, versprach, pünktlich nach Hause zu kommen, hörte sich die Hausaufgaben seines älteren Sohnes im Rechnen an. Über die Baustraße sah er den weißen BMW auf die Baracken zurollen. Becker hatte angekündigt, dass er gegen halb vier kommen würde. Langsam rollte das getunte Modell auf den Parkplatz, die Alufelgen blitzten. Horst hörte durch das offene Fenster das Knirschen der Kiesel unter den breiten Reifen. Der Chefparkplatz blieb immer frei.

Er versprach seinem Sohn die Lösung der Aufgabe für den Abend und ließ sich von seiner Frau daran erinnern, sich nach günstigen Teppichfliesen für den Flur umzusehen.

Sorgfältig verschloss er den Zettel in der Schublade, stapelte säuberlich die Umläufe an der Vorderkante seines Schreibtisches. Die Klarsichthüllen mit den Briefen kamen rechts auf die Ecke, seine Stifte sauber in die Vertiefung der blanken Schreibtischunterlage aus Kunstleder.

Vor der Baracke traf er Beckers Sekretärin. Er grüßte die rotblonde junge Frau, sie gingen zusammen das Stück bis zu den Parkplätzen, vorbei an dem großen Fahrzeug von

Becker. Sie müsse zwischendurch in die Firma, sagte sie, Briefe hinbringen. Sie lächelte ihm zu, bevor sie einstieg. Er grüßte noch mal, setzte den Helm auf und wandte sich der Baustelle zu. Sie kommt heute noch mal auf die Baustelle zurück, dachte er und wusste, dass er dann schon auf dem Weg nach Hause sein würde.

Während im obersten Geschoss noch betoniert wurde, setzten im Erdgeschoss Monteure bereits Metallfenster ein. Leitungen und Rohre wurden unter den Decken montiert. Noch außer Atem stand er später auf dem Gerüst, sah wie der dicke Schlauch schmatzend Beton erbrach. Männer in Stiefeln zogen Rüttler nach, andere rieben die Flächen mit Bohlen eben. Die blauen Anzüge der Männer waren vom Beton verspritzt.

Am Kranhaken hängend schwebte ein wandgroßes Schalelement heran. Unwillkürlich trat er vom Gerüst runter, suchte Schutz hinter einer Stütze. Unter Decken versteckt hatten sie letzte Woche einen Zimmermann auf der Bahre abtransportiert. Ein Schalelement hatte ihn bei Sturm gegen eine Wand gedrückt. Für den war's schnell aus gewesen. Er hatte sofort an die Liste gedacht, als die Kripoleute in sein Büro kamen. Alle ausfragten, und immer wieder fragten. Unangenehm. Wenn er daran dachte, spürte er, wie es ihn zurückzog, an seinen alten Schreibtisch mit dem kleinen Taschenrechner, den er sich selber gekauft hatte, da das Amt keinen anschaffte. Er dachte an sein Büro mit den Wänden aus gehobelten Brettern.

Becker, der Oberbauleiter der Firma, die den Bau hochzog, kam lächelnd auf ihn zu. Sie sprachen über den zweiten

Bauabschnitt, der direkt im Anschluss zu ihrem Trakt gebaut werden würde. Horst Halbmann wies auf die Flächen weit unten: „Der wird noch etwas größer!"

„Haben wir nicht immer großartig zusammengearbeitet?", fragte Becker.

Horst Halbmann nickte unwillkürlich: „Sicher."

„Es ist doch auch in Ihrem Interesse, wenn Sie keine Kraut- und Rübenfirma bekommen. Es ist wirklich Ihr Interesse, wenn Sie uns die Liste mit den Bieterfirmen und später die Preise geben."

Horst sah den Oberbauleiter einige Sekunden an: „Ich sage Ihnen jetzt die ersten sieben Firmen, wenn ich die Tasche mit den Scheinen habe, sage ich Ihnen die zweite Hälfte."

Becker nickte: „Wenn's die Richtigen sind, bekommen Sie richtige Angebote. Dann werden wir die Günstigsten sein, und Sie haben wieder eine Firma in uns, die sich für Sie mit aller Macht in die Riemen legt. Ich versprech' es, Sie werden mit uns wieder zufrieden sein."

„Sie vergessen auch nicht den Wagen?"

„Nein." Becker schüttelte den Kopf. „Wenn Sie uns nach der Angebotseröffnung nochmals helfen: Kein Problem."

„Also gut!" Während Horst die sieben Namen aufsagte, die Becker mitschrieb, sah er hinüber ins naheliegende Gewerbegebiet. Dort mussten bald die Lichter in den Fenstern aufgehen.

Marie-Sophie Michel

Geh hinaus

aus deiner Küchenbehaglichkeit
deiner Kachelofenwohnzimmerwärme,
deinem sonntäglichen Familienglück,
hinaus zu deinem verkrebsten Arbeitskollegen
auf der Sterbestation
hinaus zu deinem Sohn
der Gott in der Flasche sucht
hinaus zu den kahlen Bäumen
von deiner Fabrik verpestet
Geh hinaus

In Memoriam

Wir vergessen so leicht
Den Jungen, der nie heimkehrte
Weil er für das Vaterland starb
In der verbrannten Erde
Und für den toten Vater

Wir vergessen so leicht
Die Mutter die nicht mehr weinen konnte
Weil sie ihr Herz ausgeweint hatte
Für den blutenden Himmel
Und die toten Kinder.

Wir vergessen so leicht
Den Vater der zersplittert wurde
Weil er dem Befehl der Mächtigen gehorchte
Für den Wahnsinn der Feldherren
Und gegen die Angst des Todes.

Wir vergessen so leicht
Die Kinder von Hiroshima
Weil sie verstrahlt wurden
Von dieser Bombe als Probefall
Für die Vernichtung der Menschheit.

Wir vergessen so leicht

Schreiben

Den Schmerz
Wie eine Zitrone
Zwischen den Seiten auspressen

Alt werden

Wie ein Goldgräber
Im austrocknenden Fluss
Nach winzigen Glücksnuggets schürfen...

Theaterskandal

Wie die Fliegen umfallen
Und nicht mehr aufstehen
Das Gas*
Tödliche Regieanweisung

*Gaseinsatz anlässlich des Überfalls auf ein Moskauer Theater

Neue Methoden

Der Draht abgerissen
Das Gesicht zerfurcht
Nur noch Geisterstunde
Schreien
Windeln runterreißen
Nach dem Sohn schreien
Auf die Toilette stolpern
Oder die Hosen vor dem Bett runterlassen
Die Schwester kommt mit der Spritze
Die Zwangsjacke bleibt im Schrank
Moderne Medizin foltert heimlich

Alter

Der Kaffee in winzigen Schlücken
Die Sonne auf faltigem Gesicht
Die Sanduhr rieselt gegen nichts
Im Rollstuhl auf die Terrasse
Der Park ist die Welt
Das Bett weiche Zuflucht
Sanftes Entgleiten
In einen besseren Traum
Als das Leben

Ute Rott

Prinzip Hoffnung

Langsam lichtet sich das Dunkel
Raureif liegt auf den Wiesen
Schwarzer Wald vor lichtblauem Himmel
zaghafte Morgenröte breitet sich aus
langsam
unaufhaltsam
Die Silhouette der Burg
filigranes Geäst der Buchen
leichte Dunstschleier im Tal

Seit nulluhrvierundvierzig wird der Irak bombardiert

Schönheitsideal

Im Merkur ist gschdandn,
dass
Manna imma schena wean,
wenn's eita wean,
und d'Weiba
ned.
Drüba
war a Buidl,
von an andan Artikl,
vo an diggn, bladdadn, oidn
Börsnmakla.
Mid gwiß fünf Telefone.

Dea war vielleicht sche!

Draama

So an Draam
dema hod
dea oan furtdrogt
dema furtjogt
dema mitnimmt
dema sicht und gschbiat
dea ned gäht
dea si a diam riat
vo dema sogt:
In an Jahr?
Und weman scho fast vagessn hod
wead a wahr.

Gläser spülen

Ich steh an der Schenk und spül Gläser. Das ist die dümmste Beschäftigung, die es gibt. Am rechten Zeigefinger ist meine Haut schon so rau, dass es weh tut, und überall hab ich Kindsn. Den ganzen Tag rennen, heiße Teller schleppen, den Stammtisch versorgen, sich mit den Fremden arrangieren, das macht mir alles nix. Aber das Gläserspülen, das hab ich vielleicht dick! Dabei hab ich einen enormen Ehrgeiz, dass meine Gläser sauber sind, dass das Bier drin nicht zusammenfällt. Wenn die Wirtin reinkommt und meinen Gläserschrank lobt, das freut mich schon sehr.

Heute Mittag waren aber auch viele Leute da. Zuerst haben wir gedacht, der Wirt und ich, dass es nicht so schlimm wird, weil heute so ein richtig schönes Herbstwanderwetter ist. Wenn ich heute frei hätte, wär ich nicht in der Wirtschaft. Wenigstens nicht am Mittag.

Jedenfalls war heute das halbe Dorf hier beim Essen. Alles war gerammelt voll von halb zwölf bis halb drei. Ein schönes Geschäft, wo immer alles nacheinander kommt, wo die Leute Geduld haben, einen nicht hetzen. Viel Umsatz und viel Trinkgeld. Aber halt auch viele dreckige Gläser.

Die Wirtin macht mir heute einen Zwiebelrostbraten mit Rösti und Gemüse. Aber ehvor die Gläser nicht sauber sind, mag ich nicht essen. Unter der Woche mach ich die Gläser manchmal nach dem Essen. Da ist es wurscht. Bis zum Abend kommt kaum jemand, da bin ich froh, wenn ich am Nachmittag bissl was zu tun hab.

Aber am Sonntag holt der Wirt einen Kuchen und dann wird nach dem Essen geratscht. Manchmal spendiert er auch ein Verdauungsschnapserl. Die Wirtin und das Küchenmädchen hocken dann auch bei uns in der Stube.

Die ersten Gläser sind schon trocken. Ich kann sie polieren. Das mach ich gern. Am liebsten polier ich Weißbier- und Weingläser. Die halt ich dann gegen das Fenster und schau, wie sich das Licht drin spiegelt. Manchmal polier ich ganz lang dran rum. Einfach so. Weil das so angenehm ist mit dem weichen Tuch auf dem kalten, glatten Glas.

Aber die halbe Schenk steht noch voll mit dreckigen Gläsern und an ein paar seh ich schon wieder Lippenstiftspuren. Abgesehen davon, dass mich der Stammtisch auslachen tät, wenn ich angemalt daherkäm, ich kann einfach keinen Lippenstift leiden, weil der die Gläser so verschmiert. Das geht nur mit Leder weg.

Durch die halboffene Stubentür zieht der Duft vom Zwiebelrostbraten aus der Küche. Den mag ich sehr gern. Ich sag's bloß nie, weil der ganz schön teuer ist. Aber die Wirtin weiß das trotzdem, wann ich einen mag.

Die Sonne scheint beim Schenkfenster rein. Wenn's warm genug ist, könnten wir ja auf der Hausbank Kaffee trinken. Ein paar Autos brummen vorbei und ein verspäteter Weps fliegt herein und landet auf einem Bierglas. Ganz eilig klettert er hinein, rutscht aus und fällt ins Bier. Ehvor er ersäuft, schütt ich ihn mit dem Bier aus dem Fenster. Ich stell das letzte Glas zum Abtropfen hin, trockne mir die Hände ab und schau derweil ein bissl zum Fenster raus.

Heut Abend wird wieder viel los sein. Nach dem Wandern haben die Leute Hunger. Aber am Sonntag ist immer bald Schluss. Morgen müssen alle arbeiten, außer uns. Wir haben morgen Ruhetag. Vielleicht bleiben heute die richtigen am Stammtisch übrig. Dann wird's gemütlich nach dem Putzen. Das ist mir die liebste Zeit in der ganzen Woche. Die Küche ist so sauber, dass man sich geniert, wenn man noch was dreckig macht. Meine Schenk glänzt, dass einem die Augen weh tun. Sagt jedenfalls der Wirt. Alles ist fertig und wir haben endlich Feierabend. Die Wirtin und ich, wir trinken einen Piccolo, das Küchenmädchen sucht sich immer was anderes raus, und der Wirt hat sein Bier. Und wenn's ganz zünftig wird, holt er seinen besten Schnaps, den Gocklsoach, den er nicht verkauft, sondern nur mit speziellen Leuten trinkt. Ich mag das Zeug ja nicht, aber das macht nix. Manchmal sitzen wir dann bis um zwei oder drei in der Früh oder noch länger da. Die Haustür ist zu, das Hoflicht ist aus, da stört uns keiner.

Ich schmier mir die Hände mit Niveacreme ein. Die Kindsn tun saumäßig weh. Vielleicht tu ich doch mal einen Honig drauf, das soll helfen.

Der Wirt fährt auf den Hof und stellt sein Auto unter die große Linde. Er hat beim Konditor einen Zwetschgendatschi geholt.

Ich schenk mir ein Bier ein. Die Küchenglocke klingelt. Mein Essen ist fertig.

Marianne Selke

Der Betrieb der Zukunft

Ich klopfe an die Pförtnerloge. Ohne Erfolg. Der alte Herr wendet mir den Rücken zu und schaut gebannt auf den Monitor . Ich klopfe lauter, aber es nützt nichts. Das muss etwas ganz Interessantes sein, was er da sieht. Ich recke den Hals, kann aber leider nichts erkennen.

Nach weiterem Klopfen und vielen Hallo-Rufen halte ich es nicht mehr aus und entschließe mich zum Äußersten. Ganz und gar unbefugterweise klettere ich über das Drehkreuz. Tief im Inneren beschleicht mich die Angst, dass ich nun erschossen werde, denn schließlich ist das, was ich tue, Einbruch.

Dennoch gehe ich beherzt auf die Tür zur Pförtnerloge zu und mache sie vorsichtig auf. Jetzt sehe ich den alten Herrn von vorn. Er hat beide Augen geschlossen und atmet gleichmäßig, mit jeweils einem leisen „rapüh" beim Ausatmen, durch den leicht geöffneten Mund.

Ich fasse ihn bei der Schulter und schüttle ihn sanft. Er schreckt hoch. „Haben Sie geklopft?". Er befingert sein Hörgerät und drückt es fester ins Ohr. „Wissen Sie, ich höre schlecht. Aber sehen kann ich noch ganz gut. Ich brauche nur zum Lesen eine Brille. Und das", seine Brust schwillt sichtbar an, „mit meinen 81 Jahren!"

Ich stelle mich vor. „Ach, Sie sind die Dame von der Zeitung. Ich ruf den Herrn Direktor gleich an."

Er greift zum Telefon und meldet mich an.

„Sie werden abgeholt", sagt er zu mir, „Bitte setzen Sie sich doch, es wird ein Weilchen dauern." Dabei deutet er auf den lederbezogenen Drehstuhl in der Ecke.

Ich tue wie mir geheißen und warte.

Ich warte 5 Minuten, ich warte 10 Minuten. Unruhig schaue ich um mich. Hat man mich vergessen?

„Nein nein", beruhigt mich der alte Herr, „das hat schon alles seine Richtigkeit."

Ich warte 15 Minuten.

Eine alte Dame im weinroten Kostüm und ebensolchen Pumps nähert sich. Ihre hennagefärbten Haare sind zu einer Lockenfrisur aufgetürmt. Man könnte sie glatt für 65 halten, wenn sie sich nicht bei jedem Schritt auf diesen Gehwagen stützte.

„Das ist Frau Rührig", klärt mich der Pförtner auf, „sie wird Sie zu Herrn Direktor Weinrot bringen. Tolle Frau, sie ist schon 85, sieht aber immer noch sehr gut aus."

Ich gehe ihr entgegen und nenne meinen Namen.

„Ich kann nicht mehr so schnell", entschuldigt sich Frau Rührig für die Verspätung. Ihr Blick auf ihre angeschwollenen Beine, die aus den Pumps herausquellen, sagt alles.

„Warum ziehen Sie keine bequemen Schuhe an", frage ich sie.

„Ja, wissen Sie, als Chefsekretärin muss man auf sein Äußeres achten. Aber", lächelt sie verschmitzt, „unter dem Schreibtisch habe ich ein Paar Hausschuhe stehen."

Sie führt mich durch etliche Gänge. An jeder Verzweigung zögert sie ein wenig. Aber zum Glück ist jedes Mal ein junger Mensch da, der ihr weiterhilft.

„Warum lungern so viele junge Leute auf den Gängen herum?", frage ich arglos, „haben die denn nichts zu tun?"

„Oh doch, das ist ja gerade ihre Arbeit", klärt mich die alte Dame auf. „Sie sind angestellt als Wegweiser. Ohne sie würde ich mich hier nicht zurechtfinden."

Wir fahren in den 4. Stock. Als wir aus dem Aufzug heraustreten, sehen wir gerade, wie Sanitäter einen bewusstlosen Mann abtransportieren. In einer Bürotür schlägt sich ein Mann die Hände vors Gesicht. „Was hab ich getan", schluchzt er und wischt sich die Tränen mit seiner gelben Armbinde mit den 3 schwarzen Punkten ab.

„Was ist hier los?", frage ich.

„Ach, das sind Max und Moritz, so nennen wir sie hier. Max ist blind und Moritz lahm. Zusammen geben sie einen prima Büroboten ab. Leider sind die Türen so niedrig, dass sich Moritz jedes Mal den Kopf anhaut, wenn Max auf sein Kommando nicht rechtzeitig in die Knie geht."

Endlich sind wir am Ziel. Direktor Weinrot, ein Mann in mittleren Jahren, empfängt mich ausgesprochen freundlich.

„Ich bin ja so froh, dass endlich jemand von der Presse über unser Projekt schreiben will. Wir bauen hier die Fabrik der Zukunft, oder sagen wir lieber das Unternehmen der Zukunft, wir haben ja viele Ingenieurleistungen dabei. Wir befinden uns zwar noch im Versuchsstadium, aber die Ergebnisse sind vielversprechend."

Ich schalte meinen Kassettenrecorder ein und hole das Mikrofon hervor. „Herr Direktor Weinrot, was ist an Ihrem Betrieb so zukunftsträchtig?"

Weinrot räuspert sich und beginnt mit wichtiger Mine.

„Wie Sie wissen, sind unsere Rentenkassen leer, unsere Krankenkassen ebenfalls. Die Krankenkassen wegen der Kostenexplosion, die Rentenkassen wegen der steigenden Lebenserwartung. Dem gilt es einen Riegel vorzuschieben. Deshalb führen wir mit Unterstützung der Bundesregierung dieses Experiment durch. Wir haben in unserem Bereich zwei wichtige Dinge getan:"

Hier holt er noch einmal tief Luft.

„Wir haben 1. das Rentenalter abgeschafft und 2. die Teilarbeitsfähigkeit eingeführt. Das heißt, alte Menschen gehen nicht mehr in Rente, sie werden nicht mehr in Altenheime abgeschoben. Sie bleiben bis zuletzt im Kreise ihrer Kollegen und in der Obhut ihres Betriebes.

Kranke bleiben nicht mehr automatisch zu Hause. Sie kommen zum großen Teil als Teilarbeitsfähige zur Arbeit."

„Aber", falle ich ihm ins Wort, „wenn niemand mehr in Rente geht, werden keine Arbeitsplätze frei für junge Leute. Die Arbeitslosigkeit wird noch größer."

„Da machen Sie sich mal keine Sorgen, wir haben alles genau kalkuliert. Kommen Sie mit", lächelt er mich bedeutungsvoll an, „ich zeige Ihnen unsere Fertigung.

Über den Hof erreichen wir eine Fertigungshalle. Überall stehen oder sitzen jeweils 10 bis 20 Menschen zusammen.

„Die Fließbänder haben wir abgestellt",klärt mich Weinrot auf. „Unsere älteren Mitarbeiter sind nicht mitgekommen. Aber Gruppenarbeit ist sowieso viel moderner."

Wir gehen auf eine dieser Arbeitsgruppen zu.

„Hier sehen Sie eine typische Arbeitsgruppe. Herr Krüger ist 82, Herr Müller 73, Herr Schmidt erst 65. Die Damen Huber, Meier, Gärtner sind 76 Jahre alt. Frau Bader ist schon 95. Zu ihrem 100. Geburtstag feiern wir ein schönes Fest."

„Was ist mit den andern", frage ich und deute zu den 6 jüngeren Leuten in weißen Kitteln, die hinter den Stühlen der älteren stehen, „gehören die nicht zur Gruppe?"

„Nein, das sind die Betreuer. Unsere älteren Mitarbeiter sind leider etwas vergesslich. Der Betreuer oder die Betreuerin erklärt seinem Arbeitsgruppenmitglied bei jedem Arbeitsgang die einzelnen Handgriffe. Für Herrn Schmidt haben wir noch keinen gefunden. Der Arbeitsmarkt für Betreuer ist leergefegt. Aber er ist ja auch erst 65. Da haben wir noch etwas Zeit."

„Was stellen Sie hier eigentlich her. Haben Sie auch Produkte der Zukunft?", möchte ich wissen.

„Da, sehen Sie selbst", Weinrot deutet auf einen aufrecht stehenden Kasten mit Tragegriff.

„Was ist das? Ein Reisekoffer?", rätsele ich.

„Beinahe richtig", beglückwünscht er mich. „Das ist ein Kofferradio. Unsere älteren Mitarbeiter kommen mit den Bauteilen für diese Mini-Radios nicht zurecht. Deshalb bauen wir in etwas größeren Dimensionen. Aber kommen Sie, ich zeig Ihnen jetzt unsere Büros."

Direktor Weinrot führt mich über den Hof zurück zu den Bürogebäuden. Im sogenannten „Schreibpool" zeigt er mir seine weiteren Errungenschaften.

An einem PC sitzen zwei Frauen. Die eine hat den rechten Arm in Gips, die andere den linken bandagiert.

„Hier sehen Sie Frau Krause und Frau Glatt. Beide sind teilarbeitsfähig. Frau Krause tippt mit der rechten Hand die Buchstaben, Frau Glatt bedient mit der linken Hand die Shift-Taste zum Großschreiben. So bringen sie die Leistung einer vollen Arbeitskraft und keine von ihnen muss krank feiern."

Der Arbeitsfluss stockt. Am Bildschirm erscheint die Meldung: „WORD verursachte eine allgemeine Schutzverletzung in Modul KNRL386.EXE an Adresse 0001:31D6".

Gemeinsam rufen die beiden Damen den PC-Benutzerservice an, wobei die eine den Hörer nimmt und die andere wählt. Das Problem schildern beide abwechselnd.

Auf Geheiß von Weinrot stellen sie, die eine ungläubig schauend, die andere schulterzuckend, das Telefon auf Lautsprecher um, damit wir mithören können.

Am anderen Ende der Leitung sind offenbar ein Mann und eine Frau. Die Frau spricht vom Analysieren des Problems, der Mann möchte eine Probe entnehmen und im Labor untersuchen. Sie empfiehlt den Affengriff, er ist strikt gegen Tierversuche.

„Das ist nun leider ein Beispiel für schlechte Zusammenarbeit", seufzt Weinrot. „Frau Schwarz ist PC-Spezialistin, Sie hat ein Magengeschwür, Herr Weiß ist Chemiker und hat ein nervöses Leiden. Beide sind teilarbeitsfähig, aber sie bringen es nicht zustande, sich auf ein einheitliches Vorgehen zu einigen."

Die beiden Schreibdamen beenden das Gespräch und entscheiden, dass der Affengriff ausgeführt werden soll.

„Kennen Sie den Affengriff?", fragt mich Weinrot.

„Ja doch", beeile ich mich zu sagen, schließlich möchte ich nicht ungebildet erscheinen „das ist der Warmstart, man muss drei Tasten gleichzeitig drücken, Steuerungs-, Alt- und Entfern-Taste."

Frau Krause nimmt mit der rechten Hand eine Glocke aus dem Schreibtisch. Frau Glatt schüttelt sie kräftig mit der linken.

Weinrot strahlt mich an. „Für den Affengriff haben wir ein wirklich eingespieltes Team."

Zur offenstehenden Tür herein drängen sich nebeneinander drei Männer, der linke trägt eine dunkle Brille.

„Der links ist Herr Maier, er ist blind", klärt mich Weinrot auf, „in der Mitte ist Herr Müller, er ist taub, der rechts ist Herr Schulze, er ist stumm."

Die drei Herren nehmen ihre Position ein, drücken die drei Tasten. Der PC startet. Gemessenen Schritts entfernen sie sich.

Ein junger Mann steckt den Kopf zur Tür herein. „Wo bleibt das Angebot? Frau Kramer muss jetzt Korrektur lesen, sonst werden wir nicht rechtzeitig fertig."

„Ja, kommt gleich in 10 Minuten", beruhigt ihn Frau Krause. „Wir hatten einen Absturz", entschuldigt sich Frau Glatt.

„Wie weit ist es denn?", fragt Weinrot in einer erstaunlich freudigen Erwartung dem jungen Mann zugewandt.

„Der Kopf ist schon draußen. Ich muss zurück. Will ja nichts verpassen. Bin in 10 Minuten wieder da." Weg ist er.

Jetzt verstehe ich gar nichts mehr. Von einem Angebot ist hier nicht die Rede.

„Frau Kramer bekommt ein Baby", klärt mich Weinrot auf. „Es ist eine ganz normale Geburt. Komplikationen sind nicht zu erwarten. Ein Kaiserschnitt ist nicht nötig, das heißt, sie muss nicht narkotisiert werden. Im Kopf ist sie ganz klar, die Arme kann sie auch gebrauchen. Damit ist sie teilarbeitsfähig und Korrekturlesen ist gerade die richtige Beschäftigung für sie. Kommen Sie, das schauen wir uns an!"

Damit geht er ein paar Schritte auf die Tür zu, stockt aber, als ich nicht folge.

Mir ist ganz komisch zumute. Ich möchte nur noch hinaus.

Weinrot ist ganz enttäuscht, als ich ihm das sage. Er versucht, mir eine Tasse Kaffee anzubieten, damit, wie er meint, der Kreislauf wieder in Schwung kommt.

Als ich ablehne, bringt er mich persönlich zum Pförtner. Er bedauert immer wieder, dass ich nicht mehr von seinem Betrieb der Zukunft sehen möchte. Er könnte mir noch so viel zeigen.

Mir aber reicht es.

Ed Schmitt

im kasten

EIN ENTLASSENER BIERFAHRER lässt am morgen den Politiker zu sich kommen und beschuldigt ihn, er habe sich vorsätzlich an der lügerei vergangen. er wisse nicht, was er sagen solle, aber ein hieb mit der bierflasche auf den kopf sei unumgänglich. wahrscheinlich werde er ihn aber sogar in ein fass stecken müssen bis zur nächsten wahl. jedenfalls werde er ihn anschwärzen, an alle biertrinker, und die ganze lügerei und das aufgesetzte gesicht werde noch viel schlimmere folgen haben. der politiker schüttelt noch nicht einmal den kopf, er behauptet, aus notwehr gelogen zu haben, es würde freiwillig ihm zu so einer handlung, wie sie der bierfahrer auszumalen nicht unterlassen kann, nicht einmal die idee kommen. aber wie sehr sich der politiker auch verteidigt und um die achse dreht, es nutzt nichts. er sei für ihn sofort eine leere flasche der geschichte, sagt der bierfahrer, und lässt ihn keinen schluck trinken. da sich der politiker eine rede im fernsehen schon vorgezapft hat, glaubt er, mit der rede könne er sein gesicht neu falten und er werde ganz einfach bis dahin einen kurzurlaub machen. es würde nicht einmal aus der brauerei das gerücht gelangen. aber er hat sich getäuscht. die behauptung verbreitet sich mit jedem prost, das der bierfahrer ausstösst, und sogar in der lokalzeitung erscheint ein bild von dem bierfahrer, wie er auf der kreuzung in alle richtungen prostet. sie berichtet, dass man einem mann wie dem politiker die nase umdrehen müsse. kein gelächter sei zu hoch für ihn. bis zu den kindergärten müsse man das auslachen üben. da der politiker jung verheiratet ist, ist sein abstreiten doppelt unangenehm. seine frau glaubt ihm sein gesicht nicht und verlässt ihn, als sie von seiner absicht erfährt, auch noch eine rede zu halten. schon vier tage nach dem hieb auf seinen kopf, bekommt er eine vorladung von neun brauereien. inzwischen wird diese geschichte in jedem zweiten werbespot gezeigt. einen tag vor der vorladung sieht ein liebendes paar den politiker auf einem hochstand, ganz heiser. er scheint eine rede zu halten für den fuchs oder den dachs. er ist keineswegs betrunken, nur beruhigt er sich durch das pitzeln an der brust und stürzt unglücklich in den schritt. jetzt gibt der bierfahrer eine pressekonferenz und sagt, er hätte dem politiker bestimmt verziehen, wenn er seine lügerei öffentlich gemacht hätte, und sich dann mit ihm betrunken.

neunzig grad gedreht

da stand nun das haus. die großen fenster dazu. das schulkind stellte den roller in den ständer. ihr neuer freund der herr gruber lehnte an einem pult. in der hand tanzte ein glas beruhigungswasser. die kollegen trugen einen jungen mann nach vorne. er war noch nicht chemisch behandelt. über achtzigtausend haarknoten. der einlieferer hätte kalte füsse. und keinen hut mehr.

der staat gab ihn nun zum aufruf. das schulkind wusste vom staat: dass aus zwei eltern eine oma und aus vier kindem eine kanne tee wird. der junge mann versprach eine grösse von einem meter fünfUNDsiebzig zu zweiUNDzwanzig. und unbeschädigt. das schulkind konnte den jungen mann neunzig grad gedreht auf die schulter sehen. der herr gruber wollte fest zuschlagen. und nehmen sie ihn mit. die erste hand setzte einen wink. danke. habe er und vorne links stürzte ein anderer finger. das würde hinten und nicht vorne. er sagte es laut reichen. er bewunderte den mut. weit unter den vorstellungen vom staat. nicht einmal die schuhsohlen damit bezahlt. gingen sie nach draussen. eine biographie eins a denn kosten. und würde wieder kommen. alle. aber die augen leuchteten zwischen den stühlen. wem er nicht gefiele. nu. zu teuer sei er nicht. längst hatte sich der junge mann in die augen eingeschlossen. was denn ihr äusserstes sei. das schulkind zeigte ihre vier finger. der herr gruber klopfte auf den kopf. ein echter junger mann. dann erstick du halt einmal zwischen lauter kaputten messern. das schulkind nickte dem herrn gruber. und zum dritten.

nun hüpfte das schulkind himmel und hölle. an der kasse. bitte unten links. der junge mann schob den roller. das schulkind stieg auf.

el l l l l l be

wir lebten schon mehrmals
im kofferraum der heide
ja trebelten und strobelten dahin
im meinetwegen sand
die elbe stöpselte dialog war gestern
nur die kühe grüßten uns von
weitem freundlich klar in blindenschrift
ein jahrzehnt sparte sich die seife
der nackte februar und eben bannig
fahrrad Du mit der schere
zu den ulmen flach
ruderte der mond eine
runde rumtopf Du legtest den
atem zwischen das holz ein
machtwort kraulte
die atome
ich telegraphierte die pulsmelodie
ins blanke gras
die scherben logen nicht

Der Müllwagen, in Öl, Albert Heinziger (1967)

Siegfried Schwerdtfeger

Betriebsjubilar

Der Direktor lobte die Treue
des Altgedienten.
Fünfzig Jahre habe der Geehrte
der Firma angehört, sei
nie unangenehm aufgefallen, habe
keinerlei Kritik geübt, seine
Vorgesetzten respektiert und nie
Überstunden abgelehnt –
sondern habe länger gearbeitet,
als das Gesetz es verlangt.

Nach zwei Monatsrenten
starb der Jubilar.

Verkäuferin

Als Lehrmädchen
war sie naiv und hübsch
doch ihr Leben
verlief nicht wie im Film
war nicht so heiter
wie in Groschenromanen
Der Konzern
hat ihre Träume eingeglast
in den Betonsilo gesperrt
mit Neonlicht ausgebrannt
zwischen Rolltreppen
und Fahrstuhlschacht
welkt ihr Leben dahin –
Trotz moderner Ventilation
hungert sie nach Luft
trotz guten Zuredens
des Abteilungsleiters
brennen ihr die Füße
schmerzt der Rücken
fühlt sie sich verbraucht

Spekulanten

Vom Staat beschützte
Millionenverdiener, die mit
Raubvogelblick
jede Baulücke erspähen.
Hyänen im Dschungel der Städte,
die mit Wolfshunger
auch ins offene Land ausbrechen,
um Lämmer zu reißen. Räuber
mit Gieraugen und Profitrachen --
ohne Revolver, aber mit
Erpresserstricken
und Scheckbuch-Dolchen.

Kaouther Tabai

Die Patissière

Die Patisserie am Ende der Hauptstrasse, welche an der Strandpromenade verlief, hatte eine breite lachsfarbene Glastür, umgeben von zwei ebenso breiten Schaufenstern in arkadenförmigen Rahmen.

Das linke enthielt die tunesischen Kleingebäcksorten, traditionell, klein und intensiv im Geschmack und aufwendig verziert; das andere stellte verschiedene italienische Mandeltorten und verführerische französische Cremeschnitten bunt frivol zur Schau. Die aufgepickten Preisschildchen machten diese Leckerein nur für eine gewisse dünnschichtige Verdienerklasse erschwinglich.

Hinter dem linken Fensterglas hing ein „Bonne Année 1979!" aus weiss-rosa-gelb-hellblauer Watte, obwohl die erbarmungslose Augustsonne des Jahres 1979 ihre glühenden Strahlen schon seit Wochen auf dieses Städtchen an der Mittelmeerküste senkrecht fallen ließ.

Dies störte keinen der flanierenden Badegäste, zumeist erwachsene Männer und männliche Jugendliche.

Die drückende Mittagshitze wurde von der Meeresbrise etwas gemildert und wenn man in die Patisserie durch die lachsfarbene Glastür schritt, wurde einem erfrischend kühl. Das angenehm leise Summen der Kühlanlage beherrschte den Raum, ohne die sich all die tunesischen, italienischen und französischen Backmeisterwerke in bunte Zucker- und Marzipanlavaströme verwandeln würden, um sich dann mit dem Strandsand zu vereinigen.

Die riesige Attrappe einer Torte mit fünf Schichten und fast einem Meter Durchmesser stand in der Mitte des Ladens. Sechs Torten aufeinander mit rosarotem Marzipan überzogen, der Gipfel bestehend aus zwei mit Goldblättchen zusammengeschnürten Krokant-Herzen und alle Ränder mit weißer Zuckerspitze verziert. Wenn man sich unmittelbar davor nach links drehte, dann musste man auf etwas ganz Vertrautes blicken: das eigene Abbild in einem schlichten goldenen Rahmen ohne Verzierung und Schnörkel. Drehte man sich jedoch nach rechts, so wurde man mit der wirklichkeitsgetreuen Größe zweier nebeneinander hängenden Frauenporträts fast erschreckt.

Die eine war bezaubernd, in einem langen hautengen weißen Kleid, wie eine Meerjungfrau mit einer anrührenden blonden Löwenmähne, einem tieffragenden Blick und einer flehenden Handbewegung nach oben. Das war Dalida bei ihrem letzten Auftritt im „Festival de Carthage" auf der zwei Jahrtausende alten römischen Bühne. Die andere Dame ist nichts anderes als die populärste Sängerin aller Zeiten in Arabien, Oum Kolthoum, mit ihren dunklen glänzenden Haaren, im Knoten zusammengebunden, und mit dem ruhigen und zugleich nichts- und alles sagenden Blick ihrer pechschwarzen Augen.

Die überlangen Ohrringe reichten bis zum unteren Ende ihres mächtigen Halses, als ob sie seine Einzigartigkeit unterstreichen und seine verborgenen Stimmbänder umspielen und beschützen wollten.

Zwei Frauen, eine blonde und eine brünette, zwei Schicksale, zwei Porträts, zwei Welten nebeneinander...

Beide sind in Ägypten geboren. Beide Lebensläufe sind durch die Macht der Stimme bestimmt.

Plötzlich erfüllte eine zarte Frauenstimme den Raum, ohne Schritte, ohne Vorankündigung, und war so ganz anders als die von Oum Kolthoum oder Dalida.

Eine Erscheinung, die sich in ihrem Äußeren so wunderbar einpasste in diese Patisserie-Landschaft, zwei glänzende Mandelaugen und eine walnussfarbene Mähne, ein Lächeln mit Grübchen im braunen Gesicht wie ein Sahnehäubchen auf einem Cappuccino. In diesem Moment schien dieses junge, zierliche und so lebenssprühende Wesen das schlagende Herz dieses Ladens und die Quelle aller berauschenden Düfte, welche den Nelken, Zitronen, Nussmischungen, Orangeschalen und Vanillin entströmten, zu sein. Daher fiel es einem schüchternen jungen Mann nicht besonders leicht, auf ihre ganz banale und freundliche Frage: „Monsieur, Sie wünschen?", eine Antwort zu finden.

Und so nahm das Schicksal seinen alltäglichen Lauf.

Schon unzählige Männer waren es, die diesem Lächeln erfolglos verfallen waren.

Doch dieser junge Mann hatte es ihr von Anfang an angetan.

Das war bei ihr, wie man es nannte, Liebe auf den ersten Blick.

Von diesem Tag an war der junge Student täglich bei der jungen Patissière.

Wenn er nicht vor den Schaufenstern stand, war er dicht an ihr hinter dem Tresen. Die permanente Nähe und dieses Turteln waren ein Schlag ins Gesicht der herrschenden Sitte. Das ganze Städtchen, Einheimische und Urlauber gleichermaßen, zerriss sich die Mäuler über dieses Täubchenpaar im Kuchenparadies.

Als die Sommerstrahlen anfingen, an Kraft zu verlieren, und die Tagesurlauber immer rarer wurden, sah man die Patissière nun auf einmal sehr oft alleine hinter dem Schaufenster in die Leere starren. Offensichtlich wartete sie, obwohl sie wusste, dass er nie wiederkommen würde.

Ihre Grübchen bekam man immer seltener zu Gesicht. Hinter der fallenden Haarmähne zeichnete sich eine zarte Furche der Sorge ab, die immer mehr, aber vergeblich nach Mitgefühl verlangte.

Die Blicke der anderen blieben kühl und strafend und mittlerweile auch etwas schadenfroh.

Eines Tages blieb die Patisserie-Glastür unangekündigt für eine ganze Woche geschlossen. Am neunten Tag stand im Zeitungsteil „Verbrechen und Gerichtsecho" eine kleine Anzeige über den Tod eines jungen Mädchens, das einmal in einer Patisserie in dem Hafenstädtchen den Kunden mit einem verführerischen Lachen nicht nur die kleinen Pralinchen und Cremeschnittchen bezaubernd verpackte, sondern sie auch mit ihrer Fröhlichkeit bezaubert hatte. Eine Blutvergiftung war die Ursache, die nicht behandelt worden war, nach einer illegalen Abtreibung.

„Nun, ist das nicht die logische Folge der Liederlichkeit eines Mädchens?!", stand als Schlusswort in dem Inserat.

Halima

Wenn einer der Jungs sie provozieren wollte, fragte er sie nach Janette, ihrer Tochter. Halima grollte dann in feststehenden, abgedroschenen Sätzen: „Hurensohn, was geht dich meine Tochter an!"

Der Fragende sollte sich gleich in sichere Entfernung bringen, sich womöglich schnell hinter der nächsten Mauer verstecken oder wenn es sein muss, einfach weglaufen. Weil Halima in den Taschen ihres zerlumpten Morgenmantels, in den Falten ihrer verschmutzten Schleier schon eifrig nach Steinen sucht, in voller Wucht erst in Richtung des Fragenden, dann aber bald in jede Richtung wirft.

Halima fängt an zu schnauben, ihr Schleier sitzt nicht mehr richtig. Sie ist wie eine Stute, die in Rage gebracht wird, und das mehrmals am Tag.

„Na warte, du Hurensohn, wenn ich dich erwische, ficke ich dich zu Tode!" Die Lawine der Obszönitäten reißt nicht ab, Halima steigert sich hinein, so dass ihr die Luft fast wegbleibt. Die „Buuuuh!"s, die Gelächter erheben sich und der vom Fragenden erzielte Effekt ist perfekt.

Halima ist die prominenteste öffentlich anerkannte Verrückte der Stadt.

„Janette ist froh, eure Fratzen nicht zu sehen!"

Janette, ihre einzige Tochter soll eine große „Artista" sein, in einem berühmten Lokal in Paris. LIDO oder so ähnlich soll es heißen. So kam es mir zu Gehör in den verschiedensten Versionen.

Die junge schöne Janette soll gerade siebzehn geworden sein, als ein Italiener sie auf ihrem Weg zu ihrer Arbeit als Dienstmädchen in einer Villa in Sidi-Bou-Said, einem vornehmen Vorort von Tunis, angesprochen hatte. Kurz danach war sie spurlos verschwunden.

Halima, die damals trotz diesem Schicksalsschlag ihren Verstand noch behielt und ebenfalls in einem herrschaftlichen Haus kochte, verschloss sich vor lauter Scham drei Monate lang in ihrem Zimmer in der Sammelunterkunft, wo sie lebte.

Als eines Tages ein Brief mit dem Pariser Stempel samt einem Foto kam, verlor sie den Boden unter den Füßen.

Diese sündhaft schöne Halbnackte sollte ihre Janette sein?

Das war endgültig zu viel.

Seitdem schlurft sie in ihren Latschen durch die Straßen und hält Vorträge über die Landespolitik.

„Glaubt dem bloß nichts, der ist mir ein Finanzminister, der alles in die eigene Tasche steckt!" –"Alter Sack, geh doch endlich freiwillig in Ruhestand, bevor Gabriel" – sie verwechselte eigentlich den Todesengel Azrael – „deine Seele in Empfang nimmt". – Sie meinte den achtzigjährigen Präsidenten Bourguiba, der von seiner Macht nicht mehr loslässt, der sich wie ferngesteuert durch die Tagesschau bewegt und in seinem Baden-Baden-Jahresurlaub bei seinem Freund Helmut Kohl im Schwimmbecken wie ein kleines Kind vergnügt kreischt.

Der junge Polizist auf der Strasse, der alles hört, trägt die würdevolle Ernsthaftigkeit eines straffgeführten Staates, darf nicht lachen und ihn rührt anscheinend an, wie Halima offensichtlich in letzter Zeit körperlich rasch abbaut, als ob der Verlust ihrer Vernunft nicht genügt hätte: Ein Vorderzahn ist weg und jüngst hinkt sie auch noch mit dem rechten Fuß. Er sagte zu ihr: „ Ist schon gut, Halima, geh endlich heim, ich habe nichts gehört".

– „Ja. Ja, macht alle nur so", antwortete sie noch.

Natürlich war Halima sich ihrer Narrenfreiheit nicht bewusst. Wer außer ihr durfte soviel sagen? Der liebe Gott blieb von ihr auch nicht verschont. Dem hätte sie etwas zu sagen gehabt. Nur die Lust, sich mit ihm zu unterhalten, hatte sie schon lange verloren.

„Wann besucht dich endlich Janette?", fragte sie wieder ein jugendlicher Provokateur. – „Wenn du ein Mann wirst, Schlappschwanz!", und die Obszönitäten – und Steinlawinen kündigen sich erneut an.

George E. Thomas

Der Goanna *

Der Goanna schleift seinen Schwanz über den heißen Sand
von Gwauna-Ruh-Uh
Und kriecht zur zugewachsenen Baumaschine,
besucht erst seinen Halbbruder Brotbaum, der da wohnt
und schleppt sich an Bierdosen vorbei weiter zur Maschine,
begrüßt langsam die kleinen Geckos dort
und lädt seine Haut mit Sonne.

Die Aufsichtsbaracke am Flugfeldrand ist menschenleer
Und ein Polizist liegt erschöpft davor im Schatten,
Hühner starren in den stillen Himmel, rennen von der
Landepiste
Und Passagiere starren auf die Hühner, gehen langsam auf
die Piste,
laut kommt dann der Flieger runter
und Grashalme kreisen mit den Hüften Tamu-Ree.

Der Pilot in kurzen Hosen fährt sich durch rote Locken
und holt aus dem Cockpit eine große Tasche,
zählt Passagiere, klopft Schultern, schüttelt Hände
und Propeller machen sich davon in blaue Himmel,
der Polizist rennt zu seinem Jeep
und lässt laut die Sirene heulen.

* *große Eidechsenart der Südsee*

Heiß ist die Luft auf Vule-Lua
und dick wie Sirup,
Zähne beißen in Fleisch von Melonen
und Kokoskrabben werden mit Zangen gebrochen,
ein Kingfisch dampft im Motu-Motu
und Solbrew wird aus Flaschen getrunken,
die Zeit ist auch hier schon erfunden
und wird aber nicht gemessen.

Oben in den Palmen krakeelen bunte Loris
und Kanus liegen unten am Strand und dösen,
rot will das Meer jetzt schlafen gehen
und der Moskito lauert listig,
schwarz ist die Inselnacht ganz ohne Schatten
und eine Zigarette glüht, lässt die Angst vergehen.

Ein Wrack dämmert im tiefen Blau am Bon-Eghi
und ein alter Flieger liegt still auf dem Grund,
Taucher spuken in Brillen
und schauen in roten Korallen schwarzen Moränen ins Auge,
ein gelber Rochen schwebt lautlos vorbei
und Schwimmer werden in Salztürkis gegrillt,

Blau und hoch liegt Savo da drüben
und Fregattvögel stehen ruhig über dem weißen Strand,
erste Haie sind schon in Honiara
und zerfleischen die Inseln mit Bier und Holz,
der Goanna aber sonnt sich auf der Maschine
und erzählt kleinen Gekkos seinen Traum
– er wäre ein Propeller.

Gedankensplitter
aus Honiara/Salomon Inseln

Am Mississippi

Schwül und schwer die Luft
und riecht nach Hafen,
grelle Sonne oben drüber,
braun verschlammt und riesig liegt er da,
der Mississippi Ol' Man River roll along,
ein Schleppboot ärgert sich stromauf,
Raddampfer liegen an der Pier,
knarren dösig mit den Trossen,
Gesang kommt drinnen,
von der dunklen Scheuertruppe.

Gleich hinterm großen Lake Pontchartrain,
vorbei an frischen Farmermärkten,
Rostschiff mit großer Küche und kleinem Restaurant,
das Cajun-Country,
Zikaden-brüllender Swamp,
riesige Bäume im grün bewachsenen Wasser,
ein altes Boot treibt still dahin,
Kreisch-Vogelwolken oben drüber und dazwischen.
Und fünf Meter Alligator,
Louisianas Antwort auf den großen Canon.

Holz-Elektrische schaukeln und knirschen,
vorbei an alten Pflanzervillen,
an Bougainvillas und Magnolien,
das Vieux Carrée, das alte Viertel,
langsam kommt es näher,

Reisender sei jetzt gewarnt,
dort verliert der Tag an Zeiten,
dort gibt es nur noch zwei davon,
die eine gerade vor,
die andere gerade nach dem Essen.

Holzgetäfelt, Spiegel, Tüllgardinen im Galatoir's,
voll ist's hier immer vom Morgen bis in die tiefe Nacht,
der Kampf gegen beide Tageszeiten,
an diesem Ort fast aussichtslos ist,
Zitronenbuttersoße über Fisch,
nur Götter können so was denken,
auch der Coquetier ist hier erfunden,
als Cocktail weltbekannt.

Kreolen, Cajuns und Westafrika,
gehen täglich gläubig ins Gefecht,
schlagen mutig Hot Dogs,
Fritten und Konsorten in die Flucht,
mit Soßen, Gemüse, Fischen,
wie Gumbo oder Jambalaya,
aus Ya-Ya Reis und Jambon Schinken
und – scheinen tatsächlich zu gewinnen.

Gedankensplitter
aus New Orleans

Am Pool

Unten am Stausee flimmert heiß die Luft,
oben am Hotel ein Palmenwedel überm Pool,
Poolboys liegen mit Latten auf der Lauer,
verscheuchen Kinder, die so vorbei gehen,
Niemand sonst ist da und die Sonne brennt.

Der Himmel ist blau und das Wasser ist gelb,
der Harmattan hat Sand und Staub verteilt,
der Pool wird umkreist von einem hageren Missionar,
singt Hallelujah weil der Satan noch immer lebendig,
und er selbst besoffen, ein alter Pavian schaut gelangweilt
zu.

Antilopenschädel bleichen vor der Tür,
Geländeautos rosten vor sich hin,
Klimaanlagen brummen in den Fenstern,
weißes Stirnband dunkles Mädchen,
trudelt langsam ein, Abend kann es werden.

Am Stausee brennen viele kleine Feuer,
Rauch zieht hoch und über den Pool,
unten fängt es an zu trommeln wird Musik,
oben erst Bewegung dann ein Tanz,
weiße Stirnbänder zucken am Beckenrand.

Als frohe Realisten, Politiker aus fernen Landen,
rechnen am Pool erst mal eigene Reisekosten

wichtig wollen sie hier entwickeln, füttern die Lokaleliten,
waren schon beim großen Kaiser Mogho Naaba,
die Sonne steht schon tief, auch Zwerge werfen lange
Schatten jetzt.
Zwei Buschpiloten hocken beim Absynth,
kurz behoste Legionäre trinken kaltes Bier,
Araber verkaufen Blut-Diamanten aus Angola,
Nigerianer Schmuggel-Waffen aus Bulgarien,
die Touristin sucht die Seele Afrikas.

Im Dornbusch Charly der alte Elefanten-Bulle,
steht wie abends immer an der Piste,
tritt vor langer Weile und weil keiner kommen will,
langsam von einem Bein aufs andre,
schlackert mit den Ohren, trompetet fürchterlich.

Rotgold und riesig steht der Mond auf Schwarz,
Zikaden treffen sich mit allen Nachbarn,
gründen einen Chor,
Hyänen können das nicht leiden,
fangen wütend an zu kichern,
Löwen orgeln säuerlich, gehen schlafen dann.

Gedankensplitter
aus Ouagadougou/Afrika

Alle drei Gedankensplitter aus: George E. Thomas. „Hai - Society"

Michael Tonfeld

Einiges über uns

Marginalien zum Arbeitskampf '78 in der Druckindustrie

Neben uns Thermosflaschen mit heißem Kaffee, halten wir uns wie schutzsuchend an den Plakaten fest; ausgesetzt den fragenden Blicken der Passanten und ihren Kommentaren. „Ihr wollts wohl gor nix mehr orbeidn", „Rote Hund vareckte. Gehts doch nüba zu oire Kommunistnspezln". Vielleicht geben die „Wir sind ausgesperrt"-Schilder der Kollegen von der Spätschicht mehr zu denken. Gelegentlich erfahren auch wir Zuspruch: „Recht habts" oder „Haltets durch"; und bisweilen dürfen wir sogar Kraft schöpfen „Mei bleibts stad. Schaugts mi o; Ingenör bin i, aba seit zwoi Jahr orbeitslos."

Beim Eintragen in die Streikliste im „Grünen Inn", unserem Streiklokal, erste Diskussionen. Übers wie lange; wie lange wird's wohl gehen? Die Gespräche laufen nüchterner ab als erwartet. Ein griechischer Kollege verblüfft durch seine Unbefangenheit, mit der er von „Kapitalisten" spricht, so natürlich, so selbstverständlich.

Die Geschäftsleitung hat einen Flugzettel des Bundesverbandes Druck e. V. an die Glasscheibe der Eingangstüre gehängt: „... dieser Streik ist sinnlos ... Unterstützen Sie die gemäßigten Kräfte in ihrer Gewerkschaft. Sprechen Sie mit Ihren Kollegen. Wehren Sie sich gegen die Alles-oder-

Nichts-Parolen einiger Scharfmacher". Wir hatten bereits miteinander gesprochen; bei der Urabstimmung waren drei Gemäßigte und 218 Scharfmacher herausgekommen.

Wir sind nicht allein im Haus; dass wir im Lohndruckverfahren eine große Boulevardzeitung herstellen, bringt es mit sich, dass Leute ein- und ausgehen, die uns wenig gesonnen sind. Vielleicht war er einer der Redakteure, jedenfalls lag uns sein „ihr wißt gar nicht, warum ihr streikt, ihr Arschlöcher" eine ganze Zeitlang in den Ohren. Er war zu schnell verschwunden, um ihn nach seiner Meinung zu fragen. Wir hätten ihm gerne geantwortet. Aber vielleicht erübrigt sich das, wenn er am OCR-Gerät sitzt, Artikel eingibt, redigiert und korrigiert.

Manchmal ergeben sich Situationen, da wird unser Streikpostenstehen richtig sinnlich. So kurz vor Neun gesellt sich ein älterer Herr, so um die Siebzig, zu uns, schaut ungläubig auf die Schilder, die vor unseren Bäuchen baumeln, zieht die Brille hervor, liest laut „Dieser Betrieb wird bestreikt", stammelt, „Aber ich brauch doch mein Geld, meine Rente". Es dauert eine Zeit, bis wir dahinterkommen, was er glaubt, nämlich, dass die benachbarte Bank bestreikt wird. Lachend erwidern wir, soweit seien wir noch nicht. Das Postenstehen vergeht mit Flugzettel verteilen, diskutieren, sich rechtfertigen, informieren. Kollegen nahegelegener Druckereien aus dem Viertel besuchen uns, holen sich unsere Streikzeitungen, den „DruPa-Leserservice". Zwischendurch vertreiben wir uns mit Späßen die Zeit. Zeitungsplakate bräuchten wir, solche, auf die ich die Schlagzeilen für die stummen Zeitungsverkäufer drucke und draufstehen müsste: „Arbeitgeber in die Knie gezwungen" oder gar „Springer gibt auf". Derartige Ausflüge erschöpfen sich rasch, bleiben im Halse stecken. Aus dem Streiklokal nimmt jeder ein paar Zeitungen mit nach Hause. Ich stecke sie in die Briefkästen; den Rest trage ich zu meinem Zeitschriftenhändler. Er nimmt mir tatsächlich den DruPa-Leserservice ab, legt ihn dorthin, wo die schimpfende Kundschaft vergeblich die Tageszeitungen auszumachen sucht; die gemeinsamen „Notausgaben" der (konkurrierenden) Münchner Tageszeitungen lässt er unterm Ladentisch. Hernach fühle ich mich wie frisch gebadet.

Neben der LKW-Einfahrt, wo ich am Samstagabend Posten stehe, haben Chaoten ein Streikplakat an die Mauer geklatscht. Wir fühlen uns unwohl, danebenstehen zu müssen, wollen nicht assoziiert werden mit der Phrasendrescherei dieser Revolutionäre von eigenen Gnaden, die da zum Kampf aufrufen – nicht etwa gegen die Verleger, nein, gegen die 'reaktionären Gewerkschaftsbonzen'.

Mein Weg zum Gewerkschaftshaus führt am Hauptbahnhof und am internationalen Zeitungskiosk vorbei. Ich entnehme den auswärtigen Blättern, wir wollten gar nicht streiken, aber 'müssen', müssen wir schon. Sollten die unseren Standpunkt akzeptieren? Wohl kaum – denn, so fahren sie fort, die Gewerkschaftsspitze treibe uns in den Streik, aus Angst Mitglieder zu verlieren (na also). Als ich die Schlagzeile der Neuen Zürcher Zeitung überfliege, verkrampft sich mein ohnehin geplagter Schichtarbeitermagen: „Unternehmer progressiv - Arbeitnehmer reaktionär". Erst stehlen uns die Verleger die „Solidarität" – so nämlich heißen sie es, wenn sämtliche Münchner Tageszeitungen aus Gründen der „Wettbewerbsverzerrung" nicht erscheinen, weil eine bestreikt wird – und jetzt konfiszieren, pervertieren sie den Begriff „Reaktion".

Die Vorstellung, so ein Streik sei eine tolle Sache (keine Arbeit, aber Streikgeld), überholt sich beim Postenstehen von Sechs bis Acht in der Früh, wenn die Kälte langsam aber unaufhaltsam über die Füße die Beine hinaufkriecht, die Blicke auf die Uhr, wann endlich die Ablösung kommt, in immer kürzer werdenden Abständen erfolgen, und die Zigaretten nicht ausgehen wollen. Die Passanten scheinen sich mittlerweile an uns gewöhnt zu haben.

Abends besuche ich eine Veranstaltung der Arbeitsgemeinschaft Mediengewerkschaft. Das Thema „Kollege Computer – Gefahren neuer Techniken für die Arbeitsplätze; Fortschritt oder Sackgasse?" reizt natürlich. Neben organisierten Kollegen von Funk und Fernsehen, Journalisten und Autoren, melden sich auch „Kollegen von der Technik" – so nennen uns die „Kollegen vom Schreibtisch" – zu Wort. Da rechnet beispielsweise ein Maschinensetzer vor, was er an Lohneinbuße hinnähme, liefe der Einsatz der Photosatzgeräte nach Verlegerwunsch. Jetzt, da hat er so rund 2000 auf die Hand, hat sich ein Reihenhaus zugelegt und die dazu gehörigen Hypotheken, na ja, drei Kinder und die Gattin daheim, jedenfalls hat er sein Auskommen, wie man so nett sagt. Aber wie er das dann wettmachen soll, bei mindestens 800 Mark Lohneinbuße, das kann ihm keiner im Saal sagen. Aber das hatte er ja auch nicht erwartet. Ein zeitungsloser Zeitungsverkäufer bringt ungewollt

Schwung in den Laden. Statt Zeitungen zu verkaufen, verteilt er Flugblätter der Münchner Tageszeitungen – der „Arbeitsgemeinschaft Aussperrung". Da haben wir's wieder mal schwarz auf zitronengelb: „Besitzstandsgarantie für Setzer und Metteure bis zum Rentenalter" und weiter ist die Rede von der Unhaltbarkeit unserer Forderung, Fachkräfte an den „einfachen elektronischen Geräten" zu beschäftigen, ohne Rücksicht auf die Berufschancen anderer (anderer?) Arbeitnehmer; und natürlich, wie könnte es auch anders sein, die Existenz einzelner Verlagshäuser ist bedroht ... tja, da nehme ich mir einen Stift zur Hand und rechne: 40 % decken die Abonnenten, 30 % zahlen BDI und BDA aus ihrem „Soli-Fond", und Lohn, den bekommen wir auch nicht, der wird gespart, das macht ... ich glaube ich habe mich verrechnet. Jedenfalls wissen wir endgültig, nicht   u n s e r e Existenz ist bedroht, sondern die der Verleger. Da haben die uns ganz schön verlegen gemacht. Überhaupt setzen sie einiges dran, uns bei der Bevölkerung ins rechte Licht zu rücken. Der Herr Mack vom Bundesverband Druck hat nämlich unsere terroristischen Neigungen entlarvt; Geiselnehmer sind wir. Und altmodisch, klar, einfach rückschrittlich, kurzum, gegen Fortschritt und Wissenschaft ... gegen Neutronenbomben (was hat denn die Neutronenbombe mit dem Segen des Fortschritts zu tun?) Oder wollen wir bloß unsere Arbeitsplätze sichern? Ja, das wollen wir, genau das! Wir, und das sind nicht nur ein paar Setzer und Drucker, nein über 2000, treffen uns am Sendlinger Tor zum Demonstrationszug Richtung Hofbräuhaus. Dass ich ausgerechnet während des Streiks zum ersten Mal das Touristenmekka betrete, habe ich mir nicht träumen lassen. Also wir setzen uns dorthin,, wo sonst Preißn und Amerikaner Maßkrugstemmen üben, und hören vom Podium von dauernd eintrudelnden Solidaritätsspenden und Grußadressen. Wir fühlen uns nicht mehr im Stich gelassen, richtig stark, wenn wir uns so umsehen im übervollen Saal. Und immer noch drängen Kolleginnen und Kollegen rein. Und dann wird es leise, fast ganz still, als der Loni Mahlein ans Rednerpult tritt. Viele sind unruhig geworden in den letzten Tagen, glauben nicht mehr so recht an einen Erfolg, warten auf ein Signal. Als dann der Loni endlich seine Antwort auf das Gerücht der Arbeitgeber gibt, die IG Druck & Papier sei finanziell am Ende, als er sagt: „WIR KÖNNEN, WIR KÖNNEN NOCH LANGE", da tobt die Menge im Saal, und die Tontechniker vom Aufnahmeteam des Bayerischen Fernsehens haben alle Mühe, ihre Geräte auszusteuern – so viel Beifall hat in München ein Franke lange nicht mehr bekommen. So über jeden Zweifel erhaben sind wir wohl nicht, aber eine Portion Mut nehmen wir schon mit nach Hause. Den toten Punkt haben wir jedenfalls überwunden.

Artur Troppmann

Wahnsinn

Der Wahnsinn nimmt zu.
Ich kann keine halbe Stunde
Zeitung lesen
ohne dass sich vor Empörung meine
Nerven und Blutbahnen verengen.
Atemnotanfälle bei Meldungen
und Kommentaren.
Magen und Darm rebellieren
bei jeder Nachrichtensendung.
Depressive Stimmung
beim Betrachten der Gegenwart
und bei der Vorstellung
der Zukunft.
Seit acht Wochen
kein mitmenschliches Wort.
Der Wahnsinn treibt mich
in die einsamste Stelle des Parks.
Gestern sah ich einen schönen
unbekannten Vogel aber
ein Föhnanfall ließ mich
in den elften Stock
eines Wolkenkratzers flüchten.
Das Stahlgerüst unter
meinen Schuhen schwankte.

Die stacheldrahtigen Bergspitzen
rückten bedrohlich näher.
Am Himmel erschienen
raubgierige Flugzeuge.
Geruch von Verwesungen hing
über der dampfenden Stadt.
Gepanzerte Ameisen sammelten sich
in den Straßen.
Auf den Antennen der Kirchtürme
zitterten die Kreuze.
Ein Lavastrom schoss mir
aus dem Mund und erkaltete
in der blutigen Abendsonne.
Um Mitternacht wurde ich ruhiger.
Ich stieg hinab in die
höhnende Geisterstadt
die mich anfauchte mit
gelben, giftigen Smogwinden.

Liebe Oma

Die Wohnungs-AG verschifft unsere
Mietnougat nach Amerika.
Wir müssen grausame Mieten zahlen
und sie lassen unser Geld in
amerikanischen Banken für mehr
Zins arbeiten.
So zwangswirtschaftlich und
dirigistisch handeln sie.
Sie planen den totalen
Investitionsboykott.
Was sollen wir tun, Oma?
Wenn wir noch mehr Miete zahlen
haben wir kein Geld
für den Warenkorb
und wenn wir es nicht tun,
kündigen sie uns die Wohnung.
Aber wir müssen doch wohnen.
Ich mach nicht mehr mit, Oma.
Ich hab die Zeitung abbestellt
und mich dünn gemacht,
unsichtbar dünn.
Ich gehe durch ihre Lanzenzäune,
esse aus ihrem Kühlschrank
und wohne in ihrem Tresor.
Ich höre sie lachen, weil
wieder einer verschwunden ist.
Sie denken, ich wäre schon

seliggesprochen , dabei zähl ich
nur ihr Geld und auf jedem
Tausendmarkschein sehe ich
weinende Kinderfamilien
wie auf einem Fernsehschirm.
Kaum hab ich die letzten Scheine
gezählt stecken sie neue
Scheine in den Tresor.
Die Fernsehbilder verhungerter
Kinder machen mich wahnsinnig.
Ich fresse ihre Scheine
und werde praller und praller.
Bald werde ich explodieren, dann
haben sie statt der Scheine
nur noch mein Blut,
meine Gedärme und Knochen
in ihrem Tresor.
Dann bin ich erlöst.
Ich grüße dich recht herzlich.
Dein explosiver Enkel.

Kluss.MK@web.de

Cornelia.Koepsell@web.de

Illustratorin

REZENSENTIN   **Tel./Fax: 0221-843687**
emanuel.malicke@uni-bielefeld.de   Tel.: 0521-1648205
BBK   **Hat sich wg. Bratislav Rakic wohl erledigt!**

Deichwind@web.de
roda.miller@mucke.de

H.N.Neuke@gmx.net

joesf.proell@t-online.de

RenateSchauer@aol.com
richmondverlag@t-online.de   **Verstorben !**

Moderne Zeiten

Fast alles erarbeiten
und doch
fast nichts besitzen

Oder am Fegefeuer
der Arbeitslosigkeit
für Kapitalsünden büßen

Im Geist
der heiligen Neonschrift
vegetieren

Durch Kaufhäuser irren
als läge hinter
irgendeinem Warenhaufen
das Paradies

An Bankschalter pilgern
als könnte man
für eine 50-Mark-Aktie
einen Arbeitsplatz
kaufen

Oder Hits abhören
als wären darin
die Programme
für eine bessere
Zukunft enthalten

Angst

Ich habe Angst
vor der Angst.
Ich träume mich gesund
will aber nicht
in einer vernünftigen
Hölle leben.

Dieter Walter

Das Ableben des Martin R..

Montag, 13.7.1992

Der Journalist Martin R. besucht privat die befreundete Familie D. in H., einer Kleinstadt am Rande des Ruhrgebiets. Die Familie ist in Aufruhr. Gerade wurde Sevda, die sechs Monate alte Tochter, vom Notarzt mit Verätzungen ins örtliche Krankenhaus gebracht.

Nur mit Mühe findet Martin R. heraus, was geschehen ist.

Yusuf D. ist Hilfsarbeiter. Sein Verdienst reicht nicht aus, um die Kosten der Familie zu bestreiten. Sie haben einen zuckerkranken Sohn, 12, und ein Kleinkind, Sevda. Emine D. beschließt, eine Putzstelle anzunehmen.

Diese findet sie bei der Firma BL, einem Lebensmittelkonzern (Name geändert). Sie soll in den Büros des Zentrallagers putzen. Ihre Schicht lässt sich mit der Wechselschicht ihres Mannes vereinbaren.

Sie freut sich auf den ersten Arbeitstag. Ihr Mann nimmt sich frei, um sie bis ans Tor zu begleiten. Selbst der Sohn und die kleine Tochter kommen mit, um Glück zu wünschen.

Am Werkstor übergibt Emine D. den Säugling an ihren Mann. Dieser will mit dem Sohn heimkehren, da hört er mit, wie der Pförtner seine Frau beschimpft: „Schon *wieder* eine von diesen anatolischen Kühen! Ihr macht doch mehr Dreck als ihr wegräumt!"

Yusuf D. ist wütend. Er zwingt sich, ruhig zu bleiben und erklärt, dass seine Frau hier sauber machen will und sonst nichts. Es kommt zu einem Wortwechsel. Der Pförtner stürmt erregt aus seiner Kabine. D. überbrüllt ihn.

Plötzlich zieht der Pförtner eine Spraydose aus der Tasche und sprüht CS-Gas – genau ins Gesicht des Säuglings.

Die Familie flieht in Panik nach Hause. Erst hier wird der Notarzt gerufen. Dieser glaubt die Geschichte nicht, weil die D.s (aus Angst vor den Behörden) keine Anzeige erstatten wollen, und droht, das Jugendamt einzuschalten, weil er einen familiären Zwist für den wahren Anlass des Unfalls hält.

Noch am Abend telefoniert Journalist Martin R. mit der Polizei, die sich für nicht zuständig erklärt, weil keine Anzeige vorliegt. Dann mit der Leiterin des Jugendamts, die erklärt, die Familie D. sei als auffällig bekannt – der Sohn sei mit zwölf Jahren immer noch in der vierten Klasse. Sie meinte vermutlich, Hilfsarbeiter könnten keine Kinder großziehen. Für den Vorfall am Werkstor sei das Jugendamt nicht zuständig, sondern die Polizei.

Martin R. ruft die Vorsitzende des örtlichen Kinderschutzbundes an. Es ist 21 Uhr. Die Frau entgegnet mürrisch, man mische sich nie bei türkischen Familien ein. Das sei eine andere Kultur und man könne viel falsch machen.

Um 22 Uhr erreicht Martin R. ein Vorstandsmitglied der Firma BL (Name geändert). Dieser Herr F. ist trotz vorgerückter Stunde freundlich, weiß nichts von dem Vorfall und erklärt, dass der Pförtner nicht bei BL angestellt ist, sondern bei einem Bewachungsdienst aus Essen. Er verspricht, der Sache nachzugehen.

Dienstag, 14.7.1992

Nichts geschieht. Am späten Nachmittag schreibt Martin R. einen Artikel über den Vorfall – 30 Zeilen, einspaltig. Eine Meldung, kein Kommentar. Der Chef ist schon weg. Martin R. gibt die Meldung unzensiert zum Layout.

Mittwoch, 15.7.1992

Die Meldung erscheint. Es gibt keine Reaktion in der Öffentlichkeit.

Donnerstag, 16.7.1992

Per Fax zieht die Firma BL eine ganzseitige Anzeige zurück, die für die Samstagsausgabe der Lokalzeitung vorgesehen war. Schaden: 80.000 DM. Martin R. erfährt davon nichts. Er recherchiert in Essen und findet heraus, dass der Wachdienst zahlreiche Rechtsradikale beschäftigt und auf einem ehemaligen Industriegelände an der Schusswaffe ausbildet. Martin R. schreibt noch in der Nacht einen Bericht.

Samstag, 18.7.1992

Der Bericht erscheint. Per Fax teilt die Firma BL mit, sie habe davon nichts gewusst und werde künftig eigene Pförtner beschäftigen. Der stornierte Anzeigenauftrag wird für eine Woche später erteilt.

Montag, 20.7.1992

Dem Journalisten Martin R. wird fristlos gekündigt, weil er mehrfach den Chefredakteur übergangen hat. Sein Bericht „Tränengaspförtner muss gehen" erscheint unter einer milderen Überschrift und dem Namen eines Kollegen.

Mittwoch, 22.7.1992

Der Journalist Martin R. wird in seiner Wohnung von drei Nazis überfallen. Einer hat sich als Versicherungsvertreter einen Termin und damit Einlass verschafft, die beiden anderen folgen ihm. Sie werfen den Journalisten zu Boden und zelebrieren eine „Kreuzigung": Einer kniet sich auf seine Unterschenkel, jeweils ein anderer auf die linke und die rechte Hand. Sie verlesen ein „Todesurteil" und stechen ihm mit Teppichmessern in die Handgelenke.

Montag, 27.7.1992

Die zuständige Staatsanwaltschaft stellt das Untersuchungsverfahren ein, da eindeutig Selbstmord vorliegt. Wie der Täter sich zugleich b e i d e Handgelenke einstechen konnte, bleibt allerdings ungeklärt.

Januar 1993

Die türkische Familie D. verlässt die Bundesrepublik. Yusuf D. ist bei den Behörden inzwischen als Querulant bekannt, da er vergeblich versucht hat, Unterstützung für seine erblindete Tochter zu bekommen.

Februar 1993

Die Firma BL (Name geändert) schließt einen neuen Wachdienstvertrag mit ihren früheren Partnern aus Essen.

Johann Weilbuchner

Das geklonte Schaf

„Wennst des, was d Leut sagn glaubst,
dann bist arm dro und ghörst no gschlang."
Den Spruch hot mei Großmuatter scho ghabt,
und heimlich hots no drüber glacht.
Doch zlacha wars mir wirklich net,
bei dem, was i do hob derlebt. –

Im letzten Winter wars, i woaß genau,
wia i im Gschäft war, bei unsrer Gmiasfrau.
Da ham de Leit tuschelt und dischkriert,
und Köpf zamgsteckt, ganz ungeniert. –

Was Neichs solls gebn, do bin i platt,
hot oa Schaf zwoa Köpf und acht Fiaß anstatt!!
Vom Glonen von am Schaf hams gredt,
so wos hot ma doch no net dalebt.
Wia i dann an der Kasse bin zum Zoin o'gstandn,
da hob i totsicher, was foischs verstandn.

A Schaf mit zwoa Köpf und acht Fiaß hams aufglodn
ganz sicher, bei Indersdorf, in Glonn! –
Morgen, muaß i um viere ausm Bett raus,
Des muaß i seng, da fahr i naus
An Wecka hob i aufzogn aufd Nacht

damit ma in da Friah aufwacht.
Am andern Tag, hob i blos a halbe Scheibn Brot geßn,
und as Austrinka vom Kaffä fast vegeßn.
Schnell an Rucksack mitm Foto,
an Mantl und an Huat no vom Otto,
a Landkartn vo Münchn und Umgebung mitgnomma,
um mit da S-Bahn ans Zui zkomma.

Wiara ma vom Keller wollt mei Radl holn,
owi ganga auf leise Sohln,
da hob i leider zschpät gseng
dass im vordern Reifn, koa Luft is gwen.

Da hob i mir denkt, bis i des flickn ko,
derweil is in Glonn, des Wunderschaf davon.
Grad wia i wollt vom Keller aufi gehn,
sich i in a Eckn, a Mounten-Bike stehn,
vo unserm Hausmoaster der im Urlaub auf Mallorca weilt,
bin i ganz einfach mit seim neia Radl davon geilt.

Bin i dann schnell zum Bahnhof gfahrn,
mitm Hausmoaster seim noblen Karrn.
Den hob i mit in d S-Bahn gnomma,
und über Dachau nach Indersdorf komma.

Da plötzlich sich i auf der Glonner Höh,
in der Dämmerung a Schaf mit acht Fiaß steh.
A Foto von dem Viech wiar i s sich,
dass ihr mir des glaubts a gwiß.

Dass a schens Buidl werd,
vom Schaf aus Glonn, wia sichs ghert,
hol den Foto von meim Rucksach raus,
nimm an Blitz, es is scho dämmrig draus.

Doch wia i aufn Auslöser hob druckt,
as Blitzgerät dann richtig spuckt.
Do hot ses grührt des Schaf aus Glonn,
es san jetzt zwoa Schaf davon.

Rauskomma is bei dera Gschicht,
des Buidl auf dem Fuim leider nicht.
So bin i um a Erlebnis reicher worn
a neis Schaf aus Glonn is ned geborn.

Rainer Georg Zehentner

„Drunten in Anschöring"

Vier Glocken hatten gehangen im Anschöringer Kirchturm. Eine nach der anderen hatte man heruntergeholt und unter den Blicken der Dörfler auf die Eisenbahn verladen, in jenen Tagen, als behauptet wurde, dass „Vaterland" brauche Kanonen dringender als Glocken. Die drei Großen waren abgeholt worden, und nur die Allerkleinsten hatten sie behalten dürfen, die Anschöringer.

Diese letzte wurde nun eines Tages vom Mesner-Franz mit einer Energie geläutet, dass es ausgereicht hätte zum Läuten eines ganzen Glockenstuhls. Hell und freudig klang das, und gleich gar nicht mehr aufhören wollte es. – So jedenfalls schien es dem Roserl, der späteren Frau Zehentner, meiner Mutter, die mir diese Geschichte erzählte.

„Da muss irgendwas passiert sein", sagte die stets besorgte Mutter, Roserls Mutter, „geh Roserl, lauf 'nüber zur Kathi, ob die was weiß". Denn selber zur Nachbarin zu laufen hätte man ihr als Neugierde auslegen können, und das gehörte sich nicht für eine bayerische Frau, schon gar nicht in jener Zeit. – Doch zur Nachbarin zu laufen war gar nicht mehr notwendig. In diesem Augenblick kam der Vater zur Tür herein, seine Arbeit hatte er liegen lassen, und verkündete, dass der Krieg aus sei: „Der Krieg ist aus!"

Da lies die Mutter die Arbeit liegen und setzte sich mit dem Vater an den Küchentisch. Das Roserl überlegte ein wenig und sagte: „Dann kommt jetzt also der Wast bald heim und der Onkel Franz. Und kaufen kann man sich wieder alles, gelt?"

„So schnell geht das auch wieder nicht", sagte der Vater und schmunzelte ein wenig, „da müssen wir schon noch ein bisschen Geduld haben. Aber weißt' was: Jetzt springst hinunter ins Dorf und schaust, ob's heut Semmeln, Brezen und einen warmen Leberkäs gibt!"

Helle Semmeln und Leberkäs! Das gab's in dieser Zeit sonst nirgends mehr, außer beim Bäcker und beim Metzger in Anschöring, und auch da nur unter dem Ladentisch, für die Spezln der Geschäftsleute!

So schnell es konnte, rannte das Roserl ins Dorf. Niemand mehr, so schien es, war dort bei der Arbeit. Und das Roserl musste sich schon wundern, wie die Anschöringer überall in Grüppchen auf der Straße beisammen standen und durcheinander redeten. Das war sonst gar nicht der Brauch! Zwischen sie hindurch in die Bäckerei schlüpfte das Roserl und sprang gleich darauf schon in den Metzgerladen. Mit vom Laufen geröteten Wangen kam das Mädchen heim, wo die Eltern gerade miteinander anstießen. „Mei Vater, schad", sagte es, „einen warmen Leberkäs hat's nicht geben!"

„Eine saubere Feier ist das, ohne einen warmen Leberkäs!", brummte der Vater und biss in eine der Brezen, ohne einen Gedanken daran zu verschwenden, dass er in der Stadt auch eine solche nicht mehr bekommen hätte. Er trank sein Bier aus und füllte den Wein in die bereitgestellten Gläser, Wein, den er noch vor dem Krieg im Keller gelagert hatte. Auch das Roserl bekam ein Schlückchen.

„Heute darfst du auch einen Wein trinken", sagte der Vater und hob sein Glas: „Auf das Ende des Krieges, auf unsere Befreiung und unseren Sieg!"

Bedächtig schlürfte das Roserl den Wein. Er war ihr etwas zu herb. Es verzog das Gesicht und sah den Vater fragend an. „Du. Papa, täuschst' dich jetzt auch nicht? Den Mooslechner Sepp hab ich gerade sagen hören, drunten im Dorf, dass wir den Krieg nämlich verloren haben und nicht gewonnen!" „Pah, der Mooslechner, der hat doch keine Ahnung!" Ärgerlich schüttelte der Vater den Kopf. „Auf diesen Hanswurst darfst nicht hören! Du musst die ganze Sach' nur von der richtigen Seite sehen, ich sage dir, wie ich's meine: Denk an die geflohenen Kzler, die wir im Zuhaus versteckt haben, letzte Woche! Ihre Kameraden hatten nicht mehr die Kraft zum Davonlaufen und wurden dafür von der SS erschossen, droben im Surtal."

Die Grabstätte der vierundsechzig Ermordeten wurde übrigens erst zum vierzigsten Jahrestag wieder in Erinnerung gebracht. Bis dahin existierte lediglich ein Hinweisschild: „Kriegsgräberstätte". Und erst in diesen Tagen macht man sich daran, dass große Holzkreuz durch ein jüdisches Symbol, einen siebenarmigen Kerzenleuchter, zu ersetzen.

„Die hatten doch alle nichts verbrochen", sagte der Vater, „ihr einziges Verbrechen war, dass sie Juden waren oder

Kommunisten. Drum sag ich: Der Nationalsozialismus, das ist der Todfeind aller anständigen Menschen. Und der Mooslechner Sepp will das nur nicht wahrhaben. Und diese Verbrecherbande hat den Krieg verloren, also haben die anderen alle irgendwie doch gesiegt, oder meinst nicht auch?"

Die Achtjährige runzelte die Stirn und machte ein ernstes Gesicht. Sie hatte mit den Eltern Wein getrunken, und gerade eben hatte der Vater mit ihr gesprochen, als wäre sie schon eine Große. Und hatte sie auch nicht alles so verstanden, so sagte sie doch: „Recht hast Vater!"

Diesen Tag vergaß das Roserl nie, fest prägte es sich ein in ihrem Gedächtnis. Deshalb vielleicht, weil es das letzte Mal war, dass sie den Vater so froh erlebte. Aber erst lange nach seinem Tod, er starb an einer Schwindsucht, die er sich in einem Nazigefängnis geholt hatte, begann die Heranwachsende seine Worte zu begreifen.

Drunten in Anschöring, am Stammtisch, den Mooslechner Sepp und die anderen, noch lange hörte man sie klagen über den verlorenen Krieg.

Chronik

Werkstatt München im Werkkreises Literatur der Arbeitswelt

von Wolf-Dieter Krämer

1968

November

Auf der Herbsttagung der Gruppe 61 fordern einige Mitglieder die stärkere Einbeziehung schreibender Arbeiter.

1969

27. Februar

Schreibaufruf der „gruppe 61" von Erasmus Schröfer: „An die Feder, Kollegen!". Münchner Teilnehmer an dem Reportage-Wettbewerb: Siegfried Grundmann, Erika Ruckdäschel, Siegfried Schwerdtfeger.

1970

17. März

Die ausgewählten Texte des Reportagewettbewerbs werden unter dem Titel: „Ein Baukran stürzt um" vom Piper-Verlag München veröffentlicht.

18. April

Im Gasthaus „Grüner Inn" in der Türkenstraße findet unter Leitung der damaligen AZ-Redakteurin Almut Hielscher das erste Treffen von interessierten Autorinnen und Autoren statt. Es gilt als Gründungsdatum der Werkstatt München. Anwesend sind Markus Dosch, Siegfried Grundmann, Erika Ruckdäschel, Siegfried Schwerdtfeger.

1. Juni

Im „Komma-Club" in der Max-Emanuel-Brauerei erfolgt die erste öffentliche Lesung der Werkstatt. Die 'Süddeutsche Zeitung' berichtet darüber in ihrem Feuilleton.

1971

14. März

Im Bayerischen Rundfunk läuft die erste Hörfunksendung der Werkstatt München.

April - Juni

Im Piper-Verlag erscheint im April die Werkkreis-Anthologie „Lauter Arbeitgeber".

Juni

Die Werkstatt München bringt ihre Broschüre „Arbeiter schreiben" heraus.

Juli

Es erscheint das 2. Werkkreis-Buch: „Ihr aber tragt das Risiko", rororo-Verlag.

1972

Januar

Als zweite Broschüre der Werkstatt München erscheint das „Magazin".

1973

9. April

Nach wechselnden Versammlungsorten findet die Werkstatt ein „Zuhause" in der „Katholischen Hochschulgemeinde" Kaulbachstraße 22a, wo sie sich fortan regelmäßig trifft.

1974

11. Juni

Lesung der Werkstatt München zusammen mit der Augsburger Werkstatt im DGB-Haus München. Veranstalter ist der Komma-Club e.V.

27. August

Brief des Regisseurs Werner Waldmann an die Werkstatt München, dass sein 10-minütiger Film für den Bayerischen Rundfunk 3. Programm fertig gestellt sei, jedoch nicht gesendet wird.

17. Oktober

Überraschend sendet das Studienprogramm TV-Bayern 3 um 22.15 Uhr den Beitrag Werner Waldmanns über die Werkstatt München.

1975

13. Februar

Lesung der Werkstatt München in der Autorenbuchhandlung mit Einführung vor 30 bis 40 Personen von Günther Herburger.

5. März

Hörfunkinterview im Bayerischen Rundfunk mit den Werkstattmitgliedern Erika Däbritz und Markus Dosch.

1976

10. März

Fernsehfeature im Bayerischen Rundfunk – „Literarisches Studio" mit der Werkstatt München und als Gesprächspartner eine Schülergruppe des Thomas-Mann-Gymnasiums.

1977

10. - 11. Juni

Pfingstcamp der Naturfreunde-Jugend Bayern in Thalmässing mit einem zweitägigen Schreibworkshop.

Mai

Hörfunkinterview mit der Werkstatt München zum Thema „Gewerkschaft & Kultur" im Bayerischen Rundfunk.

September

Lesung mit Fasia Jansen vor 350 Gewerkschaftern beim Antikriegstag der DGB-Jugend im DGB-Haus München.

September – 2. Oktober

Seminar der SPD München im Gasthaus Seeblick in Bernried am Starnberger See zum Thema: „Lieder und Dichtung der Arbeiterbewegung". Mitglieder der Werkstatt München waren mitgestaltend eingeladen.

November

Zweite Hörfunksendung der Werkstatt München im Bayerischen Rundfunk, Bayern 2, Pop-Sunday.

1978

März

Erste Lesung im DGB-Jugendschulungsheim in Gmund am Tegernsee im Rahmen von zwei Wochenseminaren von DGB- und ÖTV-Jugendfunktionären vor 32 Hörern. Diese

Lesungen werden in den folgenden Jahren bei den verschiedenen Gewerkschaften wiederholt durchgeführt.

Mai

Lesung vor ca. 250 Zuhörern im Marthabräu Fürstenfeldbruck im Rahmen der 1. Mai-Feier des DGB.

1979

Januar

Michael Tonfeld von der Werkstatt München referiert auf der Gründungsversammlung des Werkkreises Literatur der Arbeitswelt in Wien und Graz.

Juni

Lesung im Referat: Deutsch als Fremdsprache am Fachbereich Germanistik an der Universität München.

31. Oktober

Beim Österreichischen Gewerkschaftsbund in Bregenz Solidaritätslesung von Autorinnen der Werkstatt München zur Unterstützung der Salzburger Werkkreis-Kollegen.

1980

Februar

Teilnahme von Referenten der Werkstätten Augsburg und München beim 1. Österreichischen Einführungsseminar der Arbeitskammer Oberösterreich für neue Werkkreismitglieder im Jägermayerhof in Linz.

26.- 27. Februar

Lesungen im Rahmen des Schriftstellerkongresses in der Katholischen Hochschulgemeinde und im „Theater in der Kreide".

Februar

Lesung in der Gesamtschule München-Nord vor 82 Schülern der 12. und 13. Klasse.

15. - 18. Mai

Lesung bei den „Beilngrieser Kulturtagen" des DGB. Es lesen Mitglieder der Werkstätten München und Nürnberg vor 70 Hörern. Diese Lesung wird bei weiteren Kulturtagen wiederholt.

20. - 21. September

Einführungsseminar der Region Süd in Linz / Jägermayerhof mit Teilnehmern der Werkstatt München.

November

Schreibwettbewerb der Werkstatt München, der Jungen Presse Bayern e.V. und der DGB-Jugend München: „Beschreibe Deinen Berufsschulplatz".

1981

Mai

Die Werkstatt München stellt sich im Bayerischen Rundfunk, 2. Programm, im „Zündfunk" vor.

Juni

Lesung in Breitenort am Walchensee beim ÖTV Pfingstcamp vor 25 Zuhörern.

September

Lesung in der Stadtteilbücherei Westend mit Gino Chiellino, Sinasi Dikmen, Miltiades Papanagou, Fethi & Özgür Savasci vor 80 Zuhörern; Fernsehaufzeichnung für die Münchner Abendschau.

Dezember

Jahreshauptversammlung der Werkstatt München mit etwa 20 anwesenden Mitgliedern und Gastautoren. Lesung mit Fethi und Özgur Savasci, Miltiades Papanagou, Gino Chiellino und dem Münchner GEW-Kollegen und Mundartdichter Peter Thalheim. Anwesend waren Vertreter der DGB-Foto- und Theatergruppe sowie des Damnitz-Verlag.

1982

Oktober

Lesung zur „Petzold-Woche" mit Hans Gebhardt aus Marburg und Michael Tonfeld an der Volkshochschule St. Margarethen in Wien.

November

Lesung in der Autorenbuchhandlung zur Buchpräsentation „Das Ziel sieht anders aus" vor etwa 25 Hörern.

1983

Januar

1. Abend als Schreibwerkstatt beim DGB-Bildungswerk München im Gewerkschaftshaus.

März

Lesung in Salzburg: Junge Generation der SPÖ vor 26 Zuhörern.

März

Lesung in der „Alten Schmiede" in Wien mit Autoren aus Wien und München vor 24 Zuhörern.

März

Lesung bei den Haidhauser Büchertagen vor 35 Zuhörern.

März

Lesung im Fernmeldeamt Salzburg beim Verein Freunde der Arbeiterkultur..

Oktober

Fritz Märkl wird zum Sprecher der Werkstatt München gewählt.

1984

Mai - Juni

Im „kürbiskern" wird ein langes Gesprächsprotokoll veröffentlicht, in dem sich Siegfried Grundmann, Erasmus Schröfer und Michael Tonfeld mit der „Überlebtheit" des Werkkreises auseinandersetzen.

Juni

Lesung während des Arbeitskampfes im Streiklokal „Weiße Taube" in der Westendstraße.

27. - 29. Juli

Zweites Wochenendseminar der Werkstatt im Tagungsheim Hohenbrunn der Evangelischen-Lutherischen Kirche Bayerns.

1985

Februar

Lesung an der Fakultät Deutsche Philologie der Universität München.

6. - 17. Mai

Zum 15jährigen Bestehen des Werkkreises und der Werkstatt München findet eine Ausstellung im DGB-Haus München statt. Das Fritz-Hüser-Institut in Dortmund gibt eine Dokumentation dazu heraus. Die Werkstatt München führt eine Lesung mit dem neu erschienenen Buch: „Die

Unverbesserlichen" durch. Fritz Märkl und Marianne Selke stellen den 50. Werkkreisband „Leben gegen die Uhr" vor.

November

Die Werkstatt München ist Gründungsmitglied im „Münchner Literaturforum".

1986

Februar

Lesungen in Wien an der Volkshochschule Brigittenau und mit Gerald Grassl im KPÖ-Jugendheim.

Gründungsversammlung des Werkkreises Literatur der Arbeitswelt, Werkstatt Tirol mit einem Referat von Michael Tonfeld im Kripp-Haus in Innsbruck.

Juni

Lesung des DDR-Reportageautors Landolf Scherzer, der sich auf Einladung der Werkstatt eine Woche in München aufhält.

Juli

Der Fischer-Verlag hat die Herausgabe der Buchreihe „Literatur der Arbeitswelt" zum 31. Dezember gekündigt.

1987

März

Lesung beim „Internationalen Frauentag" des DGB Kreisfrauenausschusses in Agatharied/Hausham vor ca. 100 Zuhörerinnen und Zuhörern. Es spielt dazu die DGB-Songgruppe aus Rosenheim.

1988

16. - 17. April

Seminar des DGB-Bildungswerkes mit der Werkstatt München in Brannenburg.

November

Erste „Nachtlesung" beim Evangelischen Forum von 22.00 bis 02:00 Uhr früh mit Autoren der Werkstatt München.

1989

Mai

Die Werkstatt München veröffentlicht den Textband: „Nebenwege".

1990

Februar

Faschingslesung beim DGB: „Der Prolet lacht" – Satirische Texte aus dem Werkkreis Literatur der Arbeitswelt.

5. - 6. Mai

Wochenendseminar der Werkstatt München mit Kollegen der Werkstatt Nürnberg im fränkischen Eschenbach.

Juni

Lesetournee zum 20jährigen Bestehen des Werkkreises Literatur der Arbeitswelt in der ehemaligen DDR. Markus Dosch liest in Chemnitz.

16. - 18. November

Seminar des DGB-Bildungswerkes mit der Werkstatt München in Brandenburg. 21 Teilnehmer, darunter der Literaturwissenschaftler Gerd Bräuer aus der ehemaligen DDR.

1991

Januar

Fritz Märkl von der Werkstatt München wird auf der Mitgliederversammlung der Werkstätten des Werkkreises Literatur der Arbeitswelt in Hannover-Misburg zum 1. Vorsitzenden gewählt.

September

Bei der Mitgliederversammlung der Werkstatt München wird Markus Dosch ab 1.1.1992 zum Sprecher gewählt.

Dezember

Lesung im großen Saal des DGB-Hauses in München unter dem Motto „Grenzgedanken" aus dem gleichnamigen Buch von Werkkreis-Mitgliedern und Mitgliedern der „Vereinigung Schreibender Arbeiter" der ehemaligen DDR.

1992

18. - 21. November

„Literarische Herbstakademie" des Werkkreises in der „Seidl-Villa" mit öffentlichen Lesungen und einer Podiumsdiskussion. In vier Arbeitsgemeinschaften werden die Themen „Textwerkstatt, Historische Texte, Spielwiese und Graphik" abgehandelt. Besuch des KZ Dachau und eine Führung zu Stätten der Münchner Arbeiterbewegung. Lesung beim DGB am Abend. Teilnehmer der Herbstakademie sind unter anderem drei Mitglieder des „Vereins Neustädter Autoren" aus Sachsen.

1993

8. - 12. September

Die Herbstakademie findet wieder in der „Seidl-Villa" statt. Lesungen und eine Podiumsdiskussion mit Max von der

Grün, August Kühn und Landolf Scherzer. Darüber hinaus macht der Werkkreis mit einer „Klagemauer" in der Öffentlichkeit auf sich aufmerksam.

1994

8. - 9. Januar

In der Mitgliederversammlung des Werkkreises Literatur der Arbeitswelt in Bad Münstereifel werden folgende Mitglieder der Werkstatt München in den Vorstand gewählt: Fritz Märkl wird wieder 1. Sprecher, Marie-Sophie Michel kommissarische Lektoratsbeauftragte. Als Herausgeber für die Neue Kollektion 4 werden Michael Schwenzer und Siegfried Grundmann bestimmt.

1995

Februar

In Bad Haldensleben bei Magdeburg wird Gabi Anders-Hanfstingl (Werkstatt München) zur 1. Sprecherin gewählt. Die Rundbriefredaktion wird von Ed Schmidt übernommen.

26. - 29. Oktober

Zum 25jährigen Jubiläum des Werkkreises Literatur der Arbeitswelt, Werkstatt München, finden im Rahmen der „Herbstakademie" Veranstaltungen in der 'Pasinger Fabrik' statt. Begrüßung der Gäste mit 'Literaten-Stammtisch' und Eröffnung der Ausstellung zur Geschichte der Werkstatt

München; Vorstellung des Buches der Bayerischen Werkstätten: 'Freistaat Bayern - LAND der AMIGOS'; Seminar mit Jean Villain zum Thema: 'Reportage' und Astrid Rösel: 'Hörspiel'. Lesung vor der Feldherrnhalle mit Texten von August Kühn und weiteren Kolleginnen und Kollegen der Werkstatt München gegen den Krieg; Stefan Stepinski spielt dazu auf dem Saxophon eigene Kompositionen; Lyrik-Workshop mit Hilde Domin, sowie Beiträgen von Werkkreismitgliedern und Interessenten; Gabi Anders-Hanfstingel bringt eine Broschüre über diese Herbstakademie heraus.

1996

Es werden 10 Lesungen mit verschiedenen Veranstaltern durchgeführt.

1997

Januar

Lesung in der 'Evangelischen Himmelfahrtskirche'.

Februar

Lesung in der Evangelischen 'Kreuzkirche'.

Mai

Lesung in der Seidl-Villa mit Gabi Anders-Hanfstingl, Georg Breitwieser, A. Püttmann, Ed Schmitt und als Gast Sophie von Behr.

Mai

Vor dem Hintergrund einer scharfen inhaltlichen und personellen Krise wird zur Rettung des Werkkreises in einer außerordentlichen Mitgliederversammlung im Kulturladen Westend Wolf-Dieter Krämer von der Werkstatt München zum Sprecher des Werkkreises gewählt.

Juni-Juli

Mehrere Lesungen während der Stadtteilwochen.

August

Markus Dosch gibt die Leitung der Werkstatt aus gesundheitlichen Gründen an Gabi Anders-Hanfstingl ab.

November

Lesung zur Aktion 'Aktiv gegen Männergewalt' mit Gabi Anders-Hanfstingl, Markus Dosch, Marianne Selke und als Gast Ed Schmitt. Die Musik spielten Rapperinnen aus dem Musikal 'Komm mit – lauf weg'.

1998

April

Lesung bei 'Kultur in Milbertshofen' mit Cengiz Dogu, Markus Dosch, Ed Schmitt und Wolf-Dieter Krämer. Dazu spielte Oliver Ziegler am Klavier. Besondere Gäste: Der Kabarettist Helmut Ruge sowie der Schauspieler und Rezitator Ernest Rosenfelder aus New York.

Juni/Juli

Lesungen während der Stadtteilwochen.

1999

März

Lesung mit Markus Dosch im Rahmen der 'Kritischen Akademie in Inzell' bei der Gewerkschaft IG Medien.

Juni

Lesung bei der Stadtteilwoche Neuhausen-Nymphenburg im Café Wildwuchs mit Markus Dosch, Siegfried Grundmann und Kaouther Tabai/Tunesien. Willi Sommerwerk singt zur Gitarre eigene Lieder.

3. - 5. September

Markus Dosch und Wolf-Dieter Krämer lesen beim Kölner Bücherherbst und betreuen den Werkkreis-Bücherstand der Werkstatt Köln.

Oktober

Es erscheint der Werkkreis-Band 'Neue Kollektion 5' mit dem Titel: „Es könnte heute sein" im Alibri Verlag Aschaffenburg. Vertreten sind in diesem Band die Münchner Werkstattmitglieder Wolf-Dieter Krämer im Vorwort und mit Kurzgeschichten Markus Dosch und Dieter Walter.

2000

Februar

Interview von Julian Doepp beim Bayerischen Rundfunk mit Markus Dosch, Wolf-Dieter Krämer, Kaouther Tabai, das am 8. Februar ausgesendet wird.

Februar

Interview bei Radio LORA mit Markus Dosch.

Februar

Lesung bei der 'Kritischen Akademie in Inzell' zum Betriebsräte-Seminar der Gewerkschaft IG Medien.

Juli

Lesung mit den Autoren Markus Dosch, Siegfried Grundmann, Christian Hoffmann, Wolf-Dieter Krämer im Seniorenheim Georg-Brauchle-Haus während der 'Stadtteil-Kulturtage Ramersdorf-Perlach'. Willi Sommerwerk sorgt für Gitarre und Gesang. Eine gute Veranstaltung mit etwa 30 - 40 Gästen.

August

Zwei Lesungen bei Radio LORA mit Markus Dosch und eine dritte Lesung mit Markus Dosch, Christian Hoffmann, Kaouther Tabai und Dieter Walter.

Oktober

Gedenkveranstaltung für das ehemalige Mitglied der Werkstatt München, Artur Troppmann, in den Räumen des 'Kommtreff' der DKP-München, initiiert von Markus

Dosch und Leo Mayer vom DKP-Bundesvorstand. Es lesen Markus Dosch, Christian Hoffmann, Wolf-Dieter Krämer und als Gast Günther Gerstenberg. Christine Krzepek ist von weither angereist. Sie war Artur Troppmanns Lebensgefährtin und Förderin während seiner letzten Jahre.

Oktober

Lesung mit Markus Dosch beim BAYERNFORUM der Friedrich-Ebert-Stiftung. Für die musikalische Umrahmung sorgt Willi Sommerwerk mit Gitarre und eigenen Liedern.

2001

Februar

Lesung mit Dieter Walter, Christian Hoffmann und Markus Dosch aus dem neuen Band „Uns reichts! - Lesebuch gegen rechts" vor etwa 40 Besuchern im „Ochs" im Schlachthof.

März

In der Jahreshauptversammlung des Werkkreises in Marktbreit wird Gudrun Siegel aus Köln zur neuen Sprecherin gewählt. Michael Tonfeld übernimmt die Geschäftsführung.

Mai

Auf Initiative von Wolf-Dieter Krämer veranstaltet der Gesamtpersonalrat der Stadt München im Saal des Alten Rathauses eine Lesung gegen rechte Gewalt. Vor etwa 270 bis 300 Kolleginnen und Kollegen lesen neben Oberbürgermeister Christian Ude auch weitere Kolleginnen und Kollegen aus verschiedenen Abteilungen der Stadtverwaltung aus dem Band „Uns reichts!".

Juni

Lesung mit Günther Gerstenberg aus dem Band „Uns reichts!" zur Sonderveranstaltung „gegen Gewalt und Krieg" in der Münchener „Seidl-Villa".

Juni

Lesung mit Ralf Gringmuth, Christian Hoffmann, Wolf-Dieter Krämer und Dieter Walter in der Stadtbücherei im Rahmen der Stadtteilwoche Berg am Laim.

Juli

Lesung mit Cengiz Dogu, Siegfried Grundmann und Dieter Walter, im Kulturladen Westend während der Stadtteilwoche. Musikalische Begleitung von Klaus Eckhardt.

September

Leseveranstaltung „Sanfte Geschichten, böse Geschichten" des BAYERNFORUM der Friedrich-Ebert-Stiftung mit Bernhard Horwatitsch, Stefan Pinternagel und Bernd Witta im „Ochs" im Schlachthof.

2002

Juni

Im Rahmen der „Lange Nacht der Bücher" der Stadt München im BAYERNFORUM erhalten nicht alle der angekündigten Werkstattmitglieder die Möglichkeit zu lesen. Darüber kommt es mit Christian Hoffmann zu Spannungen über die Organisation dieser Veranstaltung.

Juli

Lesung mit Christian Hoffmann, Bernhard Horwatitsch und Markus Dosch bei der Gruppe Gräff & Tee vor etwa 20 Personen im Rahmen der Stadtteilwoche Fürstenried.

Juli

Lesung mit Gabi Anders-Hanfstingl und Wolf-Dieter Krämer beim Sommerfest zum 15jährigen Jubiläum des Archivs der Münchner Arbeiterbewegung in der „Seidl-Villa". Musikalisch wird die Veranstaltung begleitet von Holger Helmreich auf der Gitarre.

September

Lesung „Sanfte Geschichten, böse Geschichten" des BAYERNFORUM der Friedrich-Ebert-Stiftung mit Gabi Anders-Hanfstingl, Stefan T. Pinternagel und Christian Hoffmann im „Ochs" im Schlachthof. Die Moderation hat Dieter Walter. Die Texte von Pinternagel und der diskussionslose Ablauf der Veranstaltung führen in der Werkstatt zu einem kritischen Bericht von Gabi Anders-Hanfstingl.

November

Die Lesung „Sanfte Geschichten, böse Geschichten" des BAYERNFORUM im „Ochs" im Schlachthof wird von der Friedrich-Ebert-Stiftung abgesagt. Die dennoch stattfindende Lesung ist somit eine Veranstaltung der Gruppe „Ungeschlacht" um Christian Hoffmann, die sich im Vorfeld schon mehrmals getroffen hatte. Die Differenzen führen zum Austritt einiger Mitglieder aus der Werkstatt und dem Werkkreis.

2003

15. Januar

Lesung mit Marie-Sophie Michel, Markus Dosch und Wolf-Dieter Krämer im BAYERNFORUM der Friedrich-Ebert-Stifung vor 22 Besuchern.

Pflasterer, Holzschnitt, Albert Heinzinger

Autoren

Gabriele Anders-Hanfstingl

Geboren 1957 in München; Berufe: Werkzeugschleiferin, Sozialpädagogin, Familientherapeutin, Personalrätin/GEW; ein Sohn und eine Tochter; schreibt Romane und Gedichte.

Jüngste Veröffentlichung: Lach sie an die Wand – Gedichte, Geest-Verlag (2002).

Ulrich Bardelmeier

Geboren 1956 im westfälischen Lengerich; Studium der Neueren Geschichte, Politikwissenschaft und Soziologie in Münster; seit 1986 Mitarbeit in verschiedenen Projekten zur Regional- und Lokalgeschichte, journalistisch und in der Erwachsenenbildung tätig; Herausgeber und Autor; Multimedia-Fortbildung 1995 im Siemens-Nixdorf Training Center München; 1997-1999 wissenschaftlicher Angestellter im Deutschen Museum in München; mehrfache längere Aufenthalte in den USA.

Oliver Behnssen

Geboren im September 1925 in Breslau; Mittelschule, Finanzschule; Berufe: 1946 - 48 Hilfs- und Transportarbeiter; 5 Jahre Auslandsvertreter für Rosenthal-Porzellan in Südeuropa; gestorben 1992 in München.

Veröffentlichungen: Zahlreiche Gedichte und Aphorismen in Anthologien und Literaturzeitschriften.

Cengiz Dogu

Geboren 1945 in Bergama (Pergamon); 1965 - 1974 Studium der türkischen Sprache und Literatur in Istanbul. 1977 annullieren nationalistische Professoren sein Studium aufgrund politischer Tätigkeit. 1971 20 Tage Haft infolge des Militärputsches vom 12.03.1971. In der Zeit von 1967 bis 1974 arbeitete er als Korrektor bei verschiedenen Zeitungen. Nach dem Militärputsch vom 12.09.1980 Flucht; 1981 ins Exil in die Bundesrepublik Deutschland; bis 1988 Asylbewerber im Sammellager in Neuburg (Donau). Beruf: derzeit Lagerist.

Veröffentlichungen: Eigene Gedichtbände: Das Lager gleicht nicht den Kerkern Anatoliens (zweisprachig 1988); Neuburg-Lieder; Haziran, Ankara (1989); Gedichte und Prosabeiträge in Zeitschriften und Anthologien.

Markus Dosch

Geboren 1931 im Dorf Allach bei München; nach dem Wirtschaftsgymnasium Lehre als Lebensmittel-Großkaufmann; Berufe: als Lagerarbeiter beim Kurt-Desch-Verlag erste Berührungen mit der Welt der Autoren, ab 1955 bei einem Versicherungsgroßkonzern bis zum Vorruhestand im Sommer 1991 beschäftigt.

1970 Mitbegründer der Werkstatt München im Werkkreis Literatur der Arbeitswelt, und ab 1992 Sprecher der Werkstatt München.

Veröffentlichungen: Sechs Wochen sind genug – Kurzroman aus der Kur; Zwischen Magie und Wirklichkeit – Sieben Stories; Die 49. Story - Esmeralda und andere Kurzgeschichten; Schlittenfahrt mit schöner Dame – Erzählungen; K(l)eine Zeit für Helden – Kurzgeschichten und Gedichte; Eisprinzessin – Gedichte; Herausgeber mehrerer Anthologien.

Klaus Eckardt

Geboren 1963 in München; Beruf: Anzeigen-Gestalter; schreibt Texte und Lieder, malt Bilder und gestaltet Skulpturen.

Siegfried Grundmann

Geboren in Schlesien; seit 1955 in München; Beruf: zuletzt Korrektor bei der „Süddeutschen Zeitung", seit mehreren Jahren in Rente; schreibt Satiren und erzählende Prosa.

1970 Mitbegründer der Werkstatt München im Werkkreis Literatur der Arbeitswelt.

Veröffentlichungen: Bildet euch bloß nichts ein! – Satiren (1998); Heiße Spur auf kaltem Eis – Kriminalsatire (1999); In kino veritas – Abenteuer eines schrecklich Naiven (2000).

Richard Heinzel

Geboren 1908; Dorfschule; Berufe: Feldarbeiter in Schlesein, Packer, Soldat im Afrikakorps, Kriegsgefangener in USA, Bauhilfsarbeiter, Lagerarbeiter; gestorben 1991 in Sauerlach bei München.

Veröffentlichungen: Kurz vor der neuen besseren Welt – Roman; Kurzgeschichten in Anthologien.

Bernhard Horwatitsch

Geboren 1964 in München; Beruf: Krankenpfleger; Mitglied im Verband der Schriftsteller und Herausgeber der kleinen VS-Post.

Veröffentlichungen in Zeitschriften und Anthologien.

Günter Kohlbecker

Geboren 1943 in Posen; Beruf: Bauingenieur; freier Autor; schreibt Kurzgeschichten.

Wolf-Dieter Krämer

Geboren 1945 in Prag; Berufe: Techniker, Studium an der Hochschule für Politik in München, Betriebswirtschaft an der Verwaltungs- und Wirtschaftsakademie in München 1986, arbeitet als Techniker im Baureferat der Stadt München; erste Naturlyrik 1965, seither schreibt er Gedichte gegen den Krieg, aus der Arbeitswelt und zeitlose Entwürfe.

Veröffentlichungen in Zeitschriften und Anthologien.

August Kühn

(Pseudonym für Rainer Zwing) geboren am 25. September 1936 in München; Berufe: Optikschleifer, kaufmännischer Angestellter, Verwaltungsangestellter und Journalist, bevor er 1972 mit dem Porträt eines Münchner Arbeiterviertels mit den „Westendgeschichten" hervortrat. A. Kühn ist im Februar 1996 in Unterwössen gestorben.

Roman-Veröffentlichungen: Eis am Stecken (1972); Zeit zum Aufstehen (1975); Massbierien (1977); Jahrgang 22 (1977); Fritz Wachsmuths Wunderjahre (1978); Wir kehren langsam zur Natur zurück (1984); Deutschland – ein lauer Sommer (1985); Meine Mutter 1907 (1986).

Fritz Märkl

Geboren 1946 in München; Beruf: freier Architekt in München; schreibt seit etwa 1980 vor allem Kurzprosa.

Veröffentlichungen: Lachen bis zum Rosenmontag, Kriminalroman, TB Goldmann; Zwischen Baukran und kaltem Büffet, Roman, TB Fischer; verschiedene Kurzgeschichten in Anthologien.

Marie-Sophie Michel

Geboren 1966 in Paris; Beruf: Kinderkrankenschwester in München;. schreibt Gedichte und Kurzgeschichten.

Veröffentlichungen: Der „Test" in: Im Lande der Amigos; Neue Kollektion 3 (1995).

Ute Rott

Geboren 1955; verheiratet; Beruf: Druckingenieurin; schreibt seit 30 Jahren Gedichte, Erzählungen, Kurzgeschichten; mehr als 15 Jahre Mitglied im Werkkreis.

Veröffentlichungen in Zeitschriften und Anthologien.

Marianne Selke

Geboren 1948 in Salzgitter-Lebenstedt; Beruf: Physikerin; seit 1974 Mitglied im Werkkreis (in der Werkstatt München seit 1976). Marianne Selke schreibt Kurzprosa, bevorzugt Satiren.

Veröffentlichungen in Anthologien.

Ed Schmitt

Geboren 1964; Berufe: Behindertenassistent in München, Rundbriefredakteur für den Werkkreis Literatur der Arbeitswelt, jetzt offene Schreibwerkstatt im Kulturladen Westend, Redakteur bei „ausser.dem".

Veröffentlichungen: Wohin, Textsampling für den Hade-Verlag; Romanprojekt: Katja und das Weltall mit art Topolino.

Siegfried Schwerdtfeger

Geboren 1923 in Erfurt; Volksschule; Berufe: Schriftsetzer, Arbeitsdienst, Soldat bei der Luftabwehr, 1946 bis 1949 Weinbau-Arbeiter in Franken, seit 1959 in München in verschiedenen Druckereien, einige Jahre Betriebsrat; nach 30 Jahren Tätigkeit als Korrektor ab 1983 im Ruhestand.

Veröffentlichungen: Begegnungen – Gedichte zwischen den Zeiten (1988); Prosa und Lyrik in Zeitungen und Anthologien.

Kaouther Tabai

Geboren 1964 in Tunis; Ingenieurstudium in München; Beruf: Informatikerin; mit einem „Europäer" verheiratet.

Veröffentlichung: Erzählung: Melek's Geburtstagsgeschenk in Uns reichts! – Lesebuch gegen Rechts.

Georg E. Thomas

Jahrelanger Aufenthalt in San Diego/Kalifornien, Afrika, Südsee, jetzt in Bayern.

Veröffentlichungen: Hai-Society – Erzählungen und Gedichte; Hochzeit der Schakale – Roman; Zusammenhänge von globalem Kapital, Geheimdiensten, Mafia und hilflosen Regierungen.

Michael Tonfeld

Geboren 1950 am Niederrhein; lebt heute in Augsburg; Beruf: derzeit Rotationsdrucker in einem Münchner Zeitungsbetrieb. Georg-Werth-Preis 1979; Satirepreis 1984.

Seit 1974 im Werkkreis Literatur der Arbeitswelt; von 1976 bis 1990 in der Münchner Werkstatt und ehemals 1. Sprecher.

Veröffentlichungen: Als Autor (Mit-)Herausgeber von 15 Buchpublikationen, Beiträge in 80 Anthologien.

Artur Troppmann

Geboren 1930 als Sohn einer Wäscherin und eines Maschinisten in München; in einem Arbeiterviertel aufgewachsen; in der Arbeiterjugendbewegung war er bis zum Verbot der KPD; Berufe: 1956 Redakteur beim „Bayerischen Volksecho"; er arbeitete als Bauarbeiter, Kellner, Gummiwerker;. Dekorateur und in einer Seifenfabrik; nach zwei Herzinfarkten war er Invalide; gestorben im November 1997.

Veröffentlichungen: Gedichtbände: Rote Blume mit einem Stern; Besichtigungen; Gedichte von unten; Erzählungen: Der Xaver; Die Leute aus dem 30er Haus; Bayrische Typen und Originale.

Dieter Walter

Geboren 1950 in Iserlohn; aufgewachsen in Hattingen/Ruhr; Studium der Pädagogik, Publizistik und Sinologie in Bochum; Berufe: Postarbeiter, Beamter bei der Stadt Bochum, seit 1980 freiberuflicher Autor und Übersetzer (Englisch, Französisch, Niederländisch); lebt seit 1994 in der Umgebung von München.

Veröffentlichungen: Bruchstücke von Sonja und anderen, Prosa-Stücke (1973); Mordfall Lady Pettycoat (1976); Komm in meinen Fleischwolf, Liebste, Stories (1977); Das Mädchen mit dem Reif, Erzählung (1998); Wie kommt die Wienerin aufs Gleis? Erzählungen (2001).

Johann Weilbuchner

Geboren 1927 in München; Beruf: Konstrukteur; Gewerkschaftsmitglied in der Chemiebranche; Mitwirkung bei Laien-Bühnen und im Volkstheater; seit 1989 Mitglied der Werkstatt München im Werkkreis Literatur der Arbeitswelt; schreibt in bairischer Mundart und liest hauptsächlich bei Stadtteil-Festwochen.

Rainer Georg Zehentner

Geboren 1963; Abitur; lernte Mauern und Schreiben; Geschichtsdiplom an der Universität in Salzburg; danach verschiedene Arbeiten, zur Zeit in einer Zeitungsredaktion; verheiratet, zwei Kinder.

Albert Heinzinger

Albert Heinzinger wurde 1911 in Kempten geboren. Er studierte Graphik bei Professor Herterich in München. Von 1946 bis 1947 studierte Heinzinger bei Professor Adolf Schinnerer an der Akademie der Bildenden Künste München.

Er war Mitglied der Sozialistischen Arbeiterpartei und im Widerstand. Albert Heinzinger war von 1938 bis 1941 im KZ Papenburger Moor.

Seit 1946 war Heinzinger als freischaffender Künstler in München tätig. Er war Gründungsmitglied des Schutzverbandes Bildender Künstler in München und langjähriger Vorsitzender und Vertreter im DGB für die Rechte und den sozialen Schutz der Bildenden Künstler.

1968 erhielt Albert Heinzinger den „Seerosen"-Kunstpreis der Stadt München, und 1971 wurde ihm das Bundesverdienstkreuz 1. Klasse verliehen.

Heinzinger war Präsident der „Neuen Münchner Künstlergenossenschaft" und Mitglied der „Ausstellungsleitung Haus der Kunst".

Er hatte zahlreiche internationale Ausstellungen, Wandbilder an öffentlichen Gebäuden, Ankäufe in öffentlichen Sammlungen und Publikationen.

Seit 1975 lebte Albert Heinzinger in Utting am Ammersee, wo er 1992 starb.

Uns reichts!
Ein Lesebuch gegen Rechts
Hrsg. vom Werkkreis Literatur der Arbeitswelt.
Über 30 bekannte in- und ausländische Autoren präsentieren ihre Beiträge.
Vorwort vom Präsidenten des Deutschen Bundestages Wolfgang Thierse.
ISBN 3-934852-43-2
8.60 Euro

Siegfried Grundmann
in kino veritas
Die Abenteuer eines schrecklich Naiven
Das Gründungsmitglied der Münchener Werkstatt des Werkkreises erzählt in einem abgeschlossenen Roman die Lebensgeschichte eines deutschen Arbeiterschriftstellers.
ISBN 3-934852-32-7
9.60 Euro

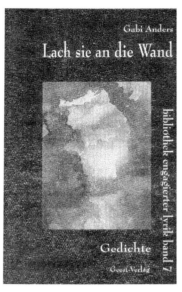

Gabi Anders
Lach sie an die Wand
Gedichte
Als Band 7 der ‚bibliothek der engagierten Lyrik ‚erschien dieser Gedichtband der Münchener Autorin, die langjähriges Mitglied der Münchener Werkstatt ist...
76 S.
Farbumschlag
ISBN 3-936389-45-4
9,60 Euro

Markus Dosch
Kleine Zeit für Helden
Texte aus einem Leben
Was wäre der Münchener Werkkreis ohne seinen Organisator und Macher. Doch er ist auch Autor feinfühliger Texte, die hier in einer Sammlung vorliegen.
Grafiken von Lothar Gloger.
ISBN 3-934852-30-0
8.60 Euro

Dosch, Hoffmann, Walter
Wie kommt die Wienerin aufs Gleis?
Erzählungen um Bahn und Bahnhof
unterwegs zu lesen
Spannende und unterhaltsame Geschichten, die manche Bahnfahrt erleichtern.
ISBN 3-934852-85-8
8,60 Euro

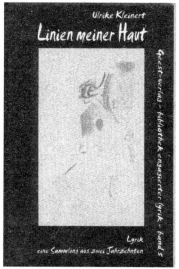

Ulrike Kleinert
Linien meiner Haut
Lyrik
Eine Sammlung aus zwei Jahrzehnten
Die Bremer Autorin, aus dem Werkkreis kommend, legt einen Lyrikband vor, der wie kaum ein anderer das politische und weibliche Leben aus zwei Jahrzehnten einfängt.
ISBN 3-936389-38-1
10,00 Euro